【文庫クセジュ】

奴隷制廃止の世紀 1793-1888

マルセル・ドリニー著

山田美芙／山木周重 訳

Que sais-je?

JN044161

白水社

Marcel Dorigny, *Les abolitions de l'esclavage*
(Collection QUE SAIS-JE ? N° 4098)

目次

序 —— 7

第一章 奴隷制に対するレジスタンス —— 10

第二章 奴隷貿易と奴隷制に対する批判 —— 22

I 反奴隷制論者、奴隷制廃止論者、植民地改革論者 22

II 反奴隷制主義の起源 26

第三章 奴隷制廃止運動の誕生と飛躍的な発展 —— 37

第四章　最初の奴隷制廃止（一七八九―一八〇四）――55
I　奴隷貿易廃止の失敗（一七八九―一七九〇）　55
II　サン・ドマングにおける「有色自由人」による反乱　59
III　サン・ドマングの奴隷蜂起と最初の奴隷制廃止（一七九一年八月―一七九四年二月四日）　60
IV　奴隷制の復活とサン・ドマングにおける失敗（一八〇一―一八〇四）　69
第五章　十九世紀の奴隷制廃止――72
I　奴隷貿易の廃止――一八〇七年、一八〇八年、一八一五年　72
II　ウィーン会議（一八一五年）　76
III　非合法奴隷貿易に対する戦い　79
IV　英国による一八三三年の廃止、最初の不可逆的な断絶　82
V　フランスと二度目の廃止に向けた歩み　85
VI　七月王政下の改革　92

Ⅶ　一八四八年四月二十七日のフランスにおける奴隷制廃止　96
Ⅷ　スペイン語圏の新生共和国における奴隷制の廃止　102
Ⅸ　オランダ、スウェーデン、デンマーク　104
Ⅹ　米国――南北戦争と奴隷制の終焉　105
Ⅺ　ブラジル――奴隷制の最後の砦　107

第六章　賠償金問題　110

第七章　奴隷制終焉後の社会の変転　119

Ⅰ　植民地の将来――新たな植民地化？　119
Ⅱ　契約労働者　124
Ⅲ　ハイチ――カリブ地域唯一の農民社会　126
Ⅳ　新たな植民地化――奴隷制廃止論者の幻想と新たなるヨーロッパの拡張　131

結論——136
年表　138
訳者あとがき　145
参考文献　*vii*
原注　*ii*

序

本書は、黒人奴隷貿易に関する新たな歴史を提示するものではなく、また、植民地奴隷制の歴史を扱うものでもない。実際のところ、この痛ましい一つの歴史の二つの局面については、すでに数多くの文献が出版されている。そのほとんどはここ二十年の間にフランスで、そしてそれ以上に米国や英国で新たに出版されたものであり、今日では、専門家向けの文献や、小中高生や大学生を対象とする数多くの文献を手にすることができる。さらに、この痛ましい歴史のいくつかの局面を紹介する映画やテレビ番組が、最も多いのは米国であるが、フランス領アンティール諸島でも製作されていることに鑑みれば、黒人奴隷貿易及び植民地奴隷制に関する文献リストをこれ以上長くする必要はないであろう。

これに対して、「奴隷制の終焉」がいかなるプロセスであったのかはほとんど知られておらず、「奴隷制の終焉」プロセスは、往々にして、奴隷制そのものを主題とする文献の巻末で言及されるにとどまっている。しかしながら、植民地奴隷制の終焉とは、長期にわたる、さまざまな要素が絡まりあった、軋轢に満ちたプロセスであったことから、このプロセス自体に特別な関心を向ける価値があろう。奴隷制は、「新世界」の植民地のほとんどの地域において、新たな労働形態として全面的に導入されていたが、そこから脱却する仕方は多岐にわたっていた。このため、ポスト奴隷制期にはさまざまな性質をもつ社会が生まれることとなった。

実際、「奴隷制廃止の世紀」（一七九三―一八八八）には、性質を大きく異にするいくつかの社会が生まれている。カリブ海地域の社会は米国の「オールド・サウス」社会とは大きく異なっており、また「オールド・サウス」社会もアフロ・ブラジル社会とは別ものである。さらに、「アンティールの真珠」と呼ばれたかつてのサン・ドマング植民地における奴隷制廃止プロセスの特異な性質を考慮することなくしては、今日、特殊事例であるハイチを理解することはできない。

インド洋の島々の社会も黒人奴隷貿易に端を発する植民地奴隷制を土台として作られた社会であるが、この地域の島々においてはこのような違いはさらに際立っていると思われる。

本書は、四世紀以上にわたってヨーロッパ主要列強の植民地を特徴づけてきたこの独特な形態の奴隷制を終わらせるに至った論争や闘争を取り纏め、できうる限り明確な形で提示していく。

なお、本書では、上記の奴隷制とは異なる現代社会における奴隷制のあり方が取り上げられることはない。確かに、現代社会の奴隷制も、十六世紀から十九世紀に展開された黒人奴隷貿易及び奴隷制と同様に、すべからく暴力的で、人権を否定するものではある。とは言え、現代の奴隷制は、アフリカの多くの地域の住民を減少させ、アメリカやインド洋の植民地を人々で溢れかえらせた植民地実践の歴史とは異なるものである。

第一章　奴隷制に対するレジスタンス

「新世界」のヨーロッパ各国植民地に十六世紀以降に定着した奴隷制の「出口」に関する先行研究では、奴隷身分に貶められた人々による隷属に対する抵抗が中心的なテーマとなっている。奴隷制廃止のプロセスを取り纏めるのであれば、何よりもまず、このテーマから始める必要があろう。

反奴隷制運動及び奴隷制廃止運動が誕生し、飛躍的に発展したことには、十八世紀の西欧で最も「先進的」であった国々における社会の一般的な思想の動向が影響していたことは間違いない。この時期、西欧では、寛容という理念と、自由と権利の平等を基礎とする自然権を強く擁護する考え方が、奴隷制を糾弾するプロセスにおいて強力な推進力となっていた。また、十八世紀後半に新たな政治経済学理論が生まれると、奴隷制は、この新しい経済の発展にとってますます不要なものとなっていった。奴隷制は経済発展のブレーキでさえあった。

とは言え、奴隷制が導入されていた植民地は、いずれの時期においても闘争が絶えることのない社会であったことを忘れるべきではない。奴隷は、自らの境遇を決して受け入れることはなく、さまざまな形で抵抗していた。今日、この事実は「奴隷制に対するレジスタンス」と呼ばれている。一八四五年四月の「マコー（Mackau）法」に関する議会審議において、植民地における奴隷制の維持を支持する人々が、奴隷は「恵まれて」おり、炭坑や工場労働に従事するプロレタリアートよりも良い環境に置かれていると悪びれることなく主張していたのに対し、奴隷制廃止のためのフランス協会（一八三四年設立）の指導者の一人であったアジェノール・ド・ガスパラン（Agénor de Gasparin）は強い調子で反論している。

この恵まれた〔神による〕被造物を見たまえ！　彼らは市場で売られている。グアドループだけでも十五年の間に、奴隷人口の三分の一以上、つまり九万人中三万八千人が売られている。奴隷は恵まれている！　だから彼らは逃亡するのだ。彼らはいたるところで逃亡している。諸君は警備の人数を倍増することを余儀なくされている。五年の間に警備の人数は五千人から九千人に増えた。諸君は黒人の逃亡を防ぐために、そして黒人が閉じ込められている場所の出入り口を見張るために、諸君が警備の人数を倍に増やしたことから、何百人、何千人ものフランス人兵士が命を落としている。奴隷は恵まれている！　だから、諸君は、奴隷が船を所有することを禁じる条項を諸君の法律に書き込まなければならなかったんだ。諸君は、これほどまでにも取りざたされているこの恵まれた状態から奴隷が逃げ出してしまうことを恐れているのだ[1]！

ここでは、あらゆることが課題となっている。奴隷人口が増加するにつれ、抵抗の仕方が多様化したため、奴隷制を維持するためには、より強力で費用の嵩む抑止力を維持し続けることが必要となっていた。ガスパランの上記議会演説から遠くない過去には、サン・ドマングで事件[2]が発生していたこともあって、「非自由人」の数がますます増加していることは、絶えざる危険であり、常に注意しなければならないことであると考えられるようになっていた。ヴィクトル・シュルシェール（Victor Schœlcher）は、一八四〇年代初頭に、奴隷制が導入されていた植民地に長期間滞在した後、「制御不可能な全面的蜂起を回避するためには、奴隷制を直ちに廃止するしか道はないであろう」と結論している。ここでは、奴隷制を直ちに廃止する必要があるとの見解が、奴隷制に対する抵抗と明確に関連づけられる形で表明されている。奴隷制社会に対する牧歌的な見方は、奴隷制を好意的に描く図像によって広まっていった。画家やイラストレーターが、植民地の島々の美しさを強調し、きらびやかな制服を着た家内奴隷を描き、美しい「有色人女性」は瞬く間に皆の語り種となった。しかし、このようなものの見方に欺かれてはいけない。大多数の奴隷の日々の生活は、サトウキビ畑や綿花畑、製糖工場、そして公共事業における過酷な労働、鞭打ちの刑、足枷、牢獄など、牧歌的な暮らしとは異なる性質のものであった。

このため、植民地社会では、奴隷制に対する抵抗が絶えず発生していた。アフリカ人奴隷を運ぶ船が初めてサン・ドマング（当時はイスパニョーラと呼ばれていた）に到着したのは、クリストファー・コロンブスの一回目の上陸からわずか十一年後の一五〇三年のことであり、知られている限りでは一五〇六年には最初の奴隷反乱が発生している。

ここでは、奴隷制に対するさまざまな抵抗の形態の詳細に入ることはしないが、それらのうちで最も一般的であった形態を押さえておくことは重要であろう。[3]

労働を拒否したり、仕事に対するやる気・熱意が常に欠如しているということは、よくあることであった。このため、奴隷監督は、鞭を手にして奴隷を仕事に駆り立てざるを得なかった。鞭を用いて労働を強制しなければならなかったことは、プランテーションにおける労働を題材とする絵画でもしばしば描かれている。例えば、ラ・ロッシェルの新世界美術館が所蔵する、ヌヴェール市で製作された〈アメリカ地域にある島々のすばらしい労働に万歳！〉という作品名の有名なファイナンス焼き陶器製のサラダボールには、つるはしを持った女性奴隷が一団となって並んでいる傍らに、鞭を手にした奴隷監督の姿が描かれている。このように労働が常に強制されていたことは、自由主義経済学者が奴隷制を批判する理由の一つとなっていた。自由主義経済学者は、労働が常に強制されている点を捉えて、奴隷労働は、十九世紀に実施されていた分業や機械化とは両立し得ない、時代遅れなものであると考えていた。

その他、奴隷主の家畜に毒を盛る、あるいは奴隷主自身に毒を盛るということもよくあった。家事全般は「家内奴隷」と呼ばれる奴隷が担っており、奴隷主に復讐したり、自らの境遇にあらがうために、さまざまな致死性植物が用いられていた。奴隷主やその家族は、毒が使用されることを常に恐れており、プランテーションで緊張が高まった時期には、精神不安に陥り、単なる想像にすぎないこともあったが、食事や井戸水に毒を投入したとの嫌疑をかけ、奴隷に厳しい罰を与えることもあった。[4]現実なのか、それとも単なる想像にすぎないのか、いずれにせよ、黒人は植物を使ってできることに関する知識を持っており、さらに呪術を使うという考えとも相まって、奴隷主たちが毒を盛られるかもしれないと強迫的なまでに恐れていたという事実から、プランテーションが絶えず緊張した状態にあったことが分かる。この点については、文学作品が無視することのできない写し鏡となっている。[5]

主人殺し、あるいは主人に忠実な協力者殺しにも言及しておく必要がある。個人的な復讐という形態をとるこの抵抗は、確かに奴隷制に対する明白かつ意識的な異議申し立てというわけではないかもしれないが、抑圧に耐えることができなくなった結果であるということには変わりがない。ここではディドロ（Diderot）の有名な一説を引用しておこう。「このような制度を正当化する者は、思想家から甚だしく侮蔑され、黒人から短剣で一刺しされるに値する」。

奴隷制に対する抵抗のその他の形態としては、女性による出産拒否がある。法規範の観点からは、例えばフランス黒人法典では、子供の法的地位は、父親の地位は考慮されることなく、母親の地位を受け継ぐ旨規定されていた。もし父親が自由人、さらには母親の主人であったとしても、子供は生まれながらに奴隷であった。奴隷制社会におけるこの揺るぎない規則のために、数多くの女性奴隷は奴隷となる子供を出産することを拒否し、頻繁に、さまざまな方法を用いて中絶や嬰児殺しを行っていた。このような行為は法律やキリスト教教会によって禁じられていたため、これらの禁止行為をしたとされる女性の多くは死刑判決を受けており、裁判記録からこのような中絶や嬰児殺しが頻繁に行われていたことが確認できる。

航海中の自殺は、黒人奴隷貿易船の船長が特に恐れていた奴隷制に対する抵抗の形態の一つであった。奴隷が日課として甲板に上がった機会に海に身を投げることは金銭的な損失であるとともに、他の奴隷が真似してしまうのではないかという恐れのもとでもあった。船員全員が奴隷の身投げを怖れていた。

今日普及した言い方で「中間航路」と呼ばれている奴隷船による凄惨な航海の途上では、奴隷制に対するもう一つの抵抗形態である反乱が数多く発生している。奴隷の多くは遠洋航海技術に全く精通していなかったため、船上で反乱を起こしても解放を勝ち取ることはほとんどなかった。とは言え、これらの反乱は、売られ、見知らぬ場所に連れていかれる人々の絶望を物語っている。奴隷船上での反乱は奴隷制に入る前の抵抗であったと言えようか。

フランス語で「マロナージュ（marronnage）」と呼ばれるプランテーション外部への逃亡は、植民地世界において繰り返し発生していた主題の一つである。さまざまな規則や抑圧的な法律が存在していたこと、現地民兵が活用されていたこと、「大罪人」に対する見世物的処刑が行われていたこと、植民者の間での情報交換、文学作品などから、逃亡する奴隷の数は多く、プランテーションは夜間に侵入してくる奴隷に怯えていたことがわかる。さらに、この奴隷の逃亡はプランターにとって大きな損失でもあった。植民地の新聞に数多く掲載されていた尋ね人広告を見ると、逃亡奴隷というものが具体的にどのようなものであったのかがわかる。これらの逃亡奴隷を探すための数千にも及ぶ広告は綿密に調査されており、植民地に特有なこの実践に関する知見は深まってはいるものの、このような研究はさらに続けていく必要がある。

逃亡は、おそらく、数日から一、二か月程度の短いものであった。だが、植民地世界で最も脅威的であった逃亡として知られているのは、今日ではその分類に異議が唱えられてはいるものの、過去の資料で「大逃亡《グラン・マロナージュ》」と呼ばれているものである。逃亡奴隷は、制圧部隊が、獰猛であったことからとても怖れられていた「奴隷狩用の犬」を使っても近づくことが困難な地域に逃げ込んでいた。山岳地帯、沼地、丘陵地が主たる逃亡先であった。ジャマイカでは島の中心に位置するブルー・マウンテン峰が、逃亡奴隷によってまさに「塹壕をめぐらした基地」に作り替えられ、一世紀以上もの間、英国軍は一度たりともブルー・マウンテン峰を奪回することができなかった。今日では、ブルー・マウンテン峰は奴隷逃亡《マロナージュ》を記憶する類いまれなる場所となっている。一七三〇年からは「逃亡奴隷共和国」さえ創設されている。英国人の逃亡奴隷に対する戦いは失敗に終わり、一七三九年にはトレラウニー（Trelawnay）*総督と奴隷蜂起の首謀者クージョ（Cudjo）との間で協定が結ばれ、植民地内のまさに袋地において自治が認められることになった。しかしながら、この協定の条項の一つでは、新たにやってきた奴隷を英国人に引き渡す義務が逃亡奴隷に課せられている。オランダ領スリナムでも同様であった。赤道地域の森林が広大であったために、逃亡奴隷と戦うことは不可能であり、妥協を重ねた結果、逃亡奴隷たちに対し大きな自治権が付与されることとなった。仏領ギアナにおいても同様の事態が生じており、逃亡奴隷の子孫たちは今日も同じ場所で生活を営んでいる。

＊ Trelawny が正確な表記と思われる。

サン・ドマングでは、十八世紀の半ば、マカンダル（Makandal）が島北部でこの大規模な逃亡《グラン・マロナージュ》を組織し、プランテーションは大きな混乱に陥った。伝承によれば、マカンダルはアフリカ起源の呪術を使うことができたとされている。

このような逃亡が最大規模に達したのはブラジルである。逃亡奴隷は、ポルトガル軍の手の届かない赤道地域の森林奥深くに逃げ込んだ。逃亡奴隷はこの広大な地域を支配下におき、キロンボ（*quilombos*）と呼ばれる自立した国家のようなものを創設した。今日、このキロンボは、ブラジルにおける奴隷制及び奴隷制廃止のための戦いの記憶を具現化し、永続させる場所となっている。

奴隷制に対する抵抗の最も極端な形態は、言うまでもなく、奴隷による反乱と蜂起であり、地図上、反乱・蜂起が発生しなかった場所は存在しないと言ってもよい。植民地の奴隷制世界では、あらゆるプランテーションやあらゆる島々に、平穏な時期が訪れることはまずなかった。マルティニークの歴史家であり政治家でもあるエドワール・ドレピン（Édouard Delépine）は、一九六〇年から一九九〇年にかけての歴史研究が、長い間、過小評価あるいは無視してきたこの状況を次のように見事に要約している。「アンティール諸島のプランターは、基本的に、枕を高くして寝ることができなかった。（…）奴隷制の歴史には、とりわけハイチ革命以降、多少なりとも暴力的な反抗や反乱が刻印されている(6)」。

これらの蜂起は、頻繁に発生しており、また激しいものであったが、すべての蜂起は打ち負かされ、制圧され、扇動者や蜂起に参加した人々は容赦なく虐殺されるか、即座に裁かれている。サン・ドマングのマカンダル、ヴァージニア島のナット・ターナー（Nat Turner）、また一七九一年のサン・ドマングのブクマン（Boukman）は、神話的な人物、具現化した解放英雄として記憶され続けてはいるが、最終的には敗北している。

さらに、今日我々が「文化的レジスタンス」と呼んでいるものからは、その奥深くに、奴隷貿易によって強制的に連行されてきた人々や後の世代の人々による、植民地秩序が押しつける価値観に完全に適応することへの抵抗を読み取ることができる。奴隷たちは、プランテーションに到着するやいなや、自身のアイデンティティーを変更しなければならなかった。洗礼を受け、自らの宗教との関係を

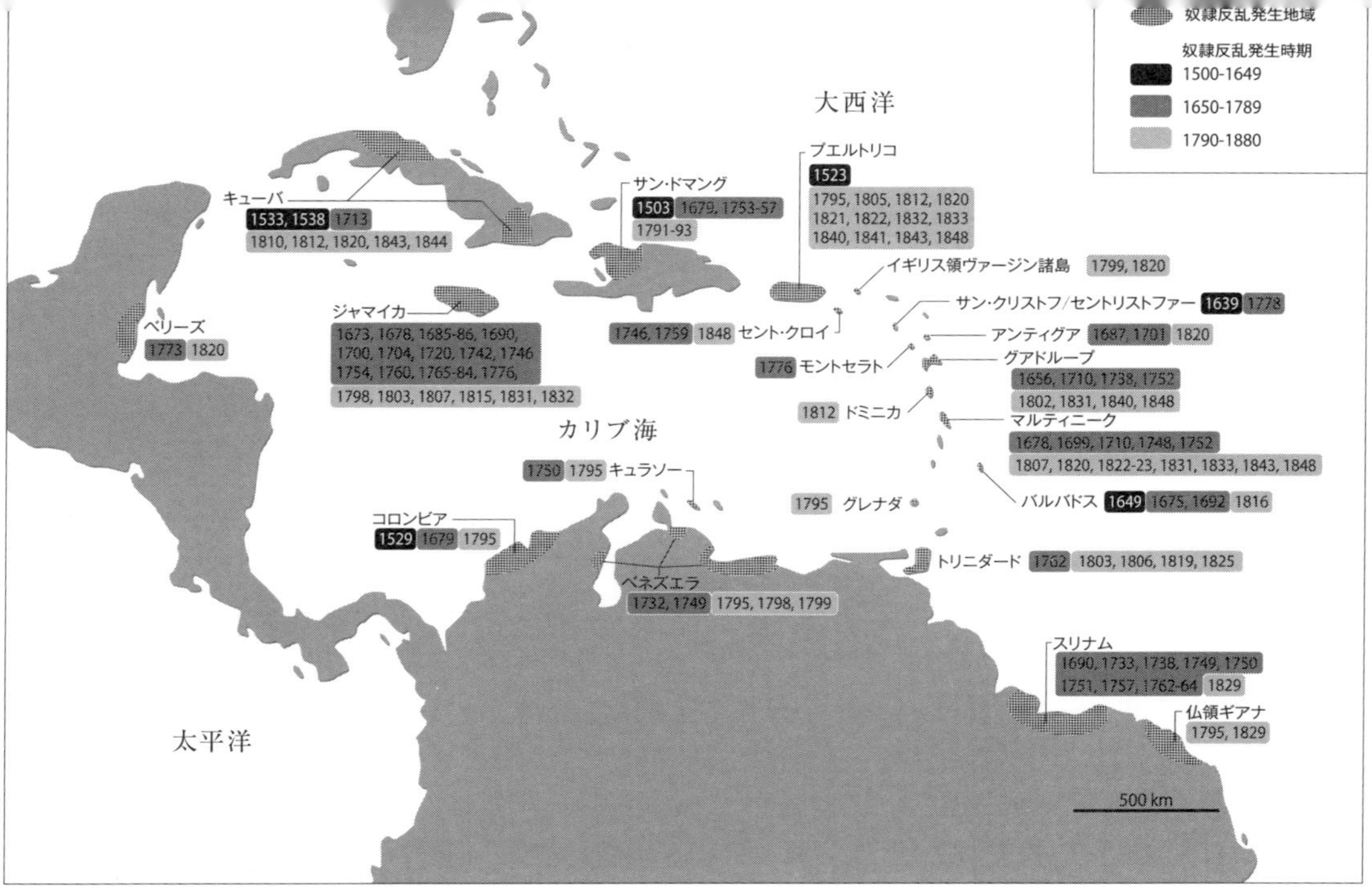
奴隷反乱発生地域
奴隷反乱発生時期
1500-1649
1650-1789
1790-1880
大西洋
カリブ海
太平洋
キューバ
1533, 1538 1713
1810, 1812, 1820, 1843, 1844
サン・ドマング
1503 1679, 1753-57
1791-93
プエルトリコ
1523
1795, 1805, 1812, 1820
1821, 1822, 1832, 1833
1840, 1841, 1843, 1848
イギリス領ヴァージン諸島 1799, 1820
サン・クリストフ/セントリストファー 1639 1778
アンティグア 1687, 1701 1820
グアドループ
1656, 1710, 1738, 1752
1802, 1831, 1840, 1848
マルティニーク
1678, 1699, 1710, 1748, 1752
1807, 1820, 1822-23, 1831, 1833, 1843, 1848
バルバドス 1649 1675, 1692 1816
トリニダード 1702 1803, 1806, 1819, 1825
ベリーズ
1773 1820
ジャマイカ
1673, 1678, 1685-86, 1690,
1700, 1704, 1720, 1742, 1746
1754, 1760, 1765-84, 1776,
1798, 1803, 1807, 1815, 1831, 1832
1746, 1759 1848 セント・クロイ
1776 モントセラト
1812 ドミニカ
1795 グレナダ
1750 1795 キュラソー
コロンビア
1529 1679 1795
ベネズエラ
1732, 1749 1795, 1798, 1799
スリナム
1690, 1733, 1738, 1749, 1750
1751, 1757, 1762-64 1829
仏領ギアナ
1795, 1829
500 km

アンティール諸島における奴隷の反乱（16-19世紀）

断ち切らなければならなかった。新たな名前を付けられ、自らの言葉と同様に、自らの名前を忘れなければならなかった。さらに、アフリカの音楽やダンスも禁止された。これらは迷信であり、さらには謀議のきっかけとなると考えられていたためである。奴隷は、自らの文化から切り離され、個人的な日常の関心事をはぎ取られ、自らの労働力及び人間性のすべてを買い取った人々が押しつける新たな規範に屈従しなければならなかった。とは言え、実際のところ、奴隷は、この押しつけられた異文化に全面的に同化したわけではない。アフリカの文化は、さまざまな形で生き残っており、キリスト教、さらにはイスラム教の要素を取り入れながら変容していった。多くは非合法なものではあったが、音楽やダンスは存続しており、植物を用いた医療行為も同様に残っている。また、クレオール語の生成自体が、奴隷主のアイデンティティーに同化することに対する抵抗の表れの一つであり、奴隷主に理解されることなくコミュニケーションするための方途であった。自らの故郷から無理やり引き離された境遇に対する奴隷による無形的な抵抗は、今日においても、キューバ、ハイチ、ブラジル、ジャマイカなどの奴隷制に由来する数多くの社会に残っている(7)。

前頁に掲げた図は全くもって不完全なものではあるが、奴隷制を打ち倒すための長期にわたるプロセスを正確に理解するためには、「動産」にされた人々の最も奥深いところに根ざしていた奴隷制に対する抵抗の中で重要であった出来事を確認しておく必要があろう。十八世紀に植民地本国で生じた奴隷制廃止運動は、これらさまざまな形態で展開された抵抗を等閑視することはできなかった。これらのさまざまな抵抗の形態は、人々を元の社会から無理やり引きはがし連れ去る形で、人種という基準にのみ基づき構築された奴隷制のあり方と密接に結びついていた。植民地に連れてこられた奴隷は常にアフリカ人であった。このように奴隷が特定の人種と結びつくという現象は、長い奴隷制の歴史において特異なものであった。

まず奴隷制が廃止され、次いで独立が勝ち取られることになった一七九一年から一八〇三年にかけてのサン・ドマングの蜂起を除き、いかなる奴隷蜂起も奴隷制を打ち倒すことはなかった。とは言え、新世界の植民地において、アフリカ人というアイデンティティーが確立していく過程における、奴隷蜂起の規模、持続期間及び役割を押さえておくことは重要である。

第二章　奴隷貿易と奴隷制に対する批判

I　反奴隷制論者、奴隷制廃止論者、植民地改革論者

本章のテーマの核心に入る前に用語を整理しておく必要がある。「反奴隷制論者」と「反奴隷制主義」、そして「奴隷制廃止論者」と「奴隷制廃止主義」である。これらの用語の間に連続性を見出すことはできようが、両者は同じ意味を持つ語ではない。反奴隷制論者でなければ奴隷制廃止論者にはなれないが、厳密に定義すれば、この二つの用語は質的に異なっている。反奴隷制論者は、ある意味、宗教的、倫理的もしくは経済的観点から、奴隷制を道徳的に批判するに「とどまって」おり、奴隷制から脱却するための道筋や、奴隷制に基づいた社会を自由労働に基づく社会に変容させるための方途を検討することはなかった。これに対し、奴隷制廃止主義は、奴隷制を廃止するための具体的な方途や、さらには、奴隷制が廃止された後に生まれる新たな社会の型を検討する政治的な行動であった。

つまり、一方は、奴隷制を糾弾することが方針であったのに対し、もう一方は、奴隷制からの脱

却、そして奴隷制終了後の社会の型を提示している。奴隷制廃止論者にとっては、ポスト奴隷制社会のあり方が重要な問題であり、それについてはさまざまなオプションが存在したことから、後に、分裂や衝突が生じることとなった。ここでは、ある一つの制度を糾弾するための基礎を設定した反奴隷制主義と、そこからさらに歩みを進めて、奴隷制廃止のための方途を提案し、さらにどのように奴隷労働の時代から自由労働の時代に移行するかを検討していた奴隷制廃止主義を区別するにとどめておく。

もう一点、用語に関する議論を前もってしておく必要がある。「改革論者」と比較した場合、「奴隷制廃止論者」とはいかなるものであったのだろうかという議論である。ネリー・シュミッド（Nelly Schmidt）はこの問題に関し、ほぼ十九世紀のみを対象とした重要な論文を発表している。しかし、「改革論者」と「奴隷制廃止論者」の関係は、十八世紀から十九世紀にかけて極めて連続したものであった。アンシャンレジーム期と十九世紀前半に数多く存在した植民地改革論者は、一般的に、少なくとも短期的には、奴隷制を維持すべきであると考えており、奴隷制を根本的に破壊することではなく、「改修」することを提案していた。しかし、多くの場合、改革論者の案は、基本的にいつも非妥協的で保守的な意見のみを主張していた奴隷制支持者からの激しい反対にさらされていた。奴隷制支持者は、奴隷制というシステムは一つの首尾一貫した総体であり、あらゆる改革は、たとえ周辺的なものであっても、奴隷制というシステムを即座に破壊してしまうことになると主張していた。

これに対し、奴隷制廃止論者は、奴隷制は破壊されるべきであると考えており、奴隷が存在しない植民地という未来を構想していた。もちろん「漸進的な」奴隷制廃止論者と「即時的な」奴隷制廃止論者がいた。実際のところ、「漸進的な」奴隷制廃止論者の方が多く、彼らは、奴隷制の段階的な廃止のみを目指していた。「即時的な」奴隷制廃止論者は長い間孤立した存在であったが、彼らは隷属と自由との間に位置する中間カテゴリーは法的には存在し得ないと考え、奴隷制を漸進的に廃止するという考え方を受け入れることはなかった。奴隷制廃止に向けたスピード感については意見の相違はあったものの、すべての奴隷制廃止論者は、奴隷が存在しない植民地社会は可能であるのみならず、望ましいと考えていた。また、奴隷制廃止論者は、奴隷が存在しない植民地社会だけが、現存する植民地を維持するための、さらには新たな植民地を築くための唯一の方法であると考えていた。このように、奴隷制廃止論者という大きなグループの中には、一挙に奴隷制を廃止しなければならないと考える急進派から、段階的に奴隷制を廃止していく必要があると考える「漸進的廃止派」、さらには奴隷制を廃止することはまったく想定しておらず、奴隷制廃止という命令を発出しなければ、衝突、危機、暴力が生じることはなく、奴隷制自体とは異なる奴隷制の上流にあたる分野で措置を講じることで、奴隷制は自然消滅すると考える人々が存在するなど、さまざまな考え方があった。

この奴隷制の自然消滅という考え方は、ミラボー（Mirabeau）とその仲間が、憲法制定議会に対し、仏英間の合意に基づいた上での奴隷貿易廃止を採決するよう提案するために、一七八九年の八月から一七九〇年の三月の間に準備していた重要な演説の中で明確な形で練り上げられている。ミラボーは、トマス・クラークソン（Thomas Clarkson）と日常的に交流しており、この英国の著名な奴隷制廃止論者の助言に忠実に従い、奴隷貿易を禁止すれば、奴隷制は漸進的に根絶されることになるとの考え方を示していた。ここでは、このようなやや楽観的な考え方が適切であるかどうかを判断することは差し控えるが、このような考え方はこぞって、奴隷が存在しない植民地という未来を想定していたという意味において、奴隷制廃止運動に関わっていたと言える。奴隷制廃止論者は、熱帯地域の植民地では奴隷制のみが唯一可能な労働形態であるという考え方を受け入れることはなく、植民地と奴隷制は不可分なものであり、少なくとも熱帯地域では植民地は奴隷なしで成立することはできないと断言していた上記の改革論者とは決定的に異なる立場をとっていた。

この二つのアプローチの間に存在する本質的な知的分断は、決定的に異なっている人類学的な世界観に起因している。十八世紀、奴隷制廃止論者は少数派で孤立した存在であった。というのも、当時、奴隷が存在しない植民地という将来を構想することは、国家利益に潜在的に反するものであるとして、往々にして非難されていた大胆な試みであったからである。植民者や船主が、奴隷制廃止論者を植民地の敵、ひいてはフランスの敵であると強い調子で告発する宣伝活動を止むことなく展開していたことから、奴隷制維持を支持する考え方は、極めて大きな影響力を持っていた。植民地の敵、フランスの敵という主題は、奴隷制廃止運動が開始された当初から、奴隷制廃止論者に向けられた攻撃文書の中で常に繰り返されていた。フランスにおいては、黒人友の会が、フランス領植民地支配の破壊を目論む英国の傀儡組織であると常に批判されていた。例として、植民地において自由人である両親から生まれた有色自由人に対し政治的権利の平等を付与する法令に賛成票を投じた憲法制定議会議員を公に告発するために、植民者や船主が発行した冊子のタイトルを確認しておこう。この冊子には、「フランスが自国領植民地を犠牲にするかという問題に関し、英国に賛成票を、フランスに反対票を投じた議員のリスト——賛成か反対か(一七九一年五月十二日)」とのタイトルが付けられていた。

Ⅱ　反奴隷制主義の起源

この点を踏まえた上で、啓蒙の世紀における反奴隷制主義と奴隷制廃止主義の基盤となる考え方がいかなるものであったのか、その概要を明らかにすることは重要である。

まずは、このような試みを行う際には、国家という枠組みの中のみにとどまることはできないということを押さえておこう。反奴隷制運動においては、本質的に、時代に関わらず一貫して、国際的かつ世界各国の人々が関与する運動に自動的に組み込まれることがその特徴の一つであった。奴隷制自体には国境がなかったことから、奴隷制との戦いにおいては、関係するあらゆる国の反奴隷制論者が一体となって行動することが前提とされており、奴隷制との戦いを望む人々はそもそも国境なぞにかかずらってはいられなかった。このため、反奴隷制運動は、イエズス会のようないくつかの宗教的組織が個々の国家を超越した存在であると宣言したのといささか似ているが、国際的規模で構想された、一番目初めのとは言わないまでも、最初期の運動の一つであった。

奴隷制廃止主義を多少なりとも直接的に導くこととなった反奴隷制主義の根本的な考え方はいかなるものであったのだろうか。やや図式的になってはしまうが、英仏間で互いに絶え間なく影響を与え合っていたという事実を念頭に置きつつも、反奴隷制主義の起源を英国で多く見られたものと、フランスで多く見られたものの二つに区別することができる。

一つ目は、キリスト教的な反奴隷制主義である。この反奴隷制主義においては、あらゆる人々がそこから生まれたとされるアダムとイブの原初的なカップルが人類の起源であるとの考えを示す創世記に基づいた、福音的平等主義と呼ぶことができるであろう考え方がその源泉となっている。つまり、人類全体がこの唯一の起源である同一の原初的始祖から生まれており、このため、人種間の序列化を構想するあらゆる考え方や、ある人種がその人種であるがために別の人種に搾取されるあらゆる形式が一も二もなく糾弾されることになる。この人類に関する平等主義的、単一起源的な考え方は、十八世紀の時点においてもまだ普及していた「生まれながらの奴隷」という考え方の論拠を覆した。「生まれながらの奴隷」という考え方は、さまざまな種族に枝分かれした人類間の不平等という前提、あるいは、ハムに対する呪いをその根拠としている。このハムに対する呪いは聖書から引っ張ってこられたものではあるものの、疑わしい注釈に基づいている。十八世紀の反奴隷制論者は、このような議論が想定している正当性によっては、人類の単一性を明確に主張している、本源的に聖なる書である創世記の主張を覆すことはできないと考えていた。十六世紀半ばの有名なバリャドリッド(Valladolid)の論争では、アメリカ地域のインディオを人類ではないものとして位置付けようとしたスペインの主張に対し、インディオは人間であるということが認められなかったであろうか。この論争では、当時広まり始めていた人類多元説が反駁され、人類一元説が正当なものとして認められている。

この福音書に着想を得た平等主義の思潮は英国や米国で支配的であった。この両国においては、反奴隷制の思潮は、最初、英国国教会から分派した教会内で広まった。宗教に端を発していることは、十九世紀まで常に、英国と米国における反奴隷制運動、さらには奴隷制廃止運動の特徴となっており、実際に数多くの牧師が運動を主導していた。クウェイカー教徒がこの福音書由来の平等主義の最も顕著な例であろう。クウェイカー教徒は、極めて早い時期に、自らが建設したペンシルバニアにおいて、信者に奴隷制の実践を禁じている。ペンシルバニアでは、基本的に奴隷は存在しておらず、奴隷制が経済の中心であったことは一度たりともなかったが、少なくとも「クウェイカー教徒であると同時に奴隷の所有者であることはできない」とする原則がはっきりと打ち出されている。(1)

反奴隷制主義のもう一つの起源は、必ずしもこれまでに述べてきた思潮と対立するわけではなく、とは言え、実際のところ、この二つの起源が互いに交錯することはほとんどなかったが、自然権に根差した反奴隷制主義と呼ぶことができるものである。この思潮は、とりわけ、フランスにおける反奴隷制主義の源泉であった。啓蒙主義の特徴を持つこの思潮において、自然権は、生まれながらの平等という理念に基づき、人間は平等であるとの考え方を生み出した。この考え方の最も典型的な例はディドロに見出されるが、同様にレーナル（Raynal）やヴォルテール（Voltaire）にも見出すことができる。なお、ヴォルテールは、世界の始原に関する聖書の説明を受け入れることなく、人類多元説を選好してはいたが、自然権に根ざした反奴隷制主義の典型的な思想家でもあった。フランスの反奴隷制主義における最も急進的な理論家の一人であるコンドルセ（Condorcet）は、彼が何よりも重要であると考えていた、全人類、男性、女性、白人、黒人、インディオあるいは中国人などの間の生まれながらの平等をその先鋭的な見解の根拠としていた。

これらの著述家を通じ、キリスト教に由来しているわけではないが、あらゆる「人種」、あらゆる肌の色、あらゆる容姿の人間は根源的に平等であると強く信じるに至るという、同じ結論にたどり着いた事例を確認することができる。この反奴隷制主義の思潮は、人類は生まれながらに平等であるという公準の上に成り立っている。ある時点における社会の発展度合いの違いは、人間が生まれながらに不平等であることの結果ではなく、さまざまな歴史的要因に起因している。諸社会間の発展段階の違いを理由に、科学的知識や「役に立つ技術」、つまり経済を意味するのだが、に関する知識において最も進んだ社会が、その他の社会の人々を奴隷に貶める権利を手にすることを認めることは決してできない。人間精神は際限なく改良されうるものであり、その結果、最も進んだ社会が他の社会を暴力や武力で支配することがなければ、あらゆる人間社会は止まることなく進歩するであろうとする考え方は、人間はどこにおいても同じであり、同様の潜在能力を有しているというこの根本的な信念に由来している。この信念がどのようなものであるかについては、コンドルセが『人間精神進歩史（*Tableau historique des progrès de l'esprit humain*）』（一七九三年：出版は死後の一七九五年）の中で極めて明快に纏めている。

以上のように、十八世紀に、この二つの思潮が土台となり、反奴隷制主義が打ち立てられた。この二つの思潮が一人の論者の中に共存することもありうる。例えば、グレゴワール（Grégoire）神父は、ローマから破門され、教会から追放されたものの、存命中ずっと自らをキリスト教司祭であると見なしていたが、同時に自然権に対する親近感をはっきりと示していた。グレゴワール神父は、ある意味、十八世紀の反奴隷制主義の二つの思潮が結び付いた存在であり、また、革命期の混乱を幸運にも長きにわたり生きのびることができたことから、二つの世代の連続性を示す存在でもあった。一八三一年にグレゴワール神父が亡くなった時、反奴隷制主義の第二世代がすでに育っていた。これら第二世代の人々は、神父と交流したことがあり、神父をよく知っていたことから、自分たちをグレゴワール神父の後継者であるとみなしていた。

ここで、重要な点を一つ指摘しておきたい。十八世紀に反奴隷制という考え方が出現したことは歴史的に画期的な出来事であった。人間という種の単一性を肯定する考え方に基づいた哲学的、倫理的、宗教的考察が発展するに伴い、奴隷制の存在を正当化してきた考え方そのものが糾弾される事態が生じたのは、人類史上初めてのことであった。奴隷制は、ほとんどの社会で確認することができる実践であり、それ以前には決して奴隷制そのものが糾弾されることはなかった。こうして、まずはヨーロッパで、奴隷制は、哲学的、宗教的、経済的観点から糾弾されることとなった。そして、このような糾弾が行われていたのは、まさに、ヨーロッパ各国、少なくともその中の列強が、それ以前に存在した奴隷制社会が経験したことがないであろう規模で奴隷制を実践していた時期にあたっていた。

実際のところ、反奴隷制主義から奴隷制廃止主義への歩みにおいて、この第一段階は一七七〇年代初めまで続くことになる。この第一の段階では、奴隷制と奴隷貿易を糾弾する哲学的と形容しうるコーパスが徐々に作り上げられ、奴隷制という原則自体に異議が唱えられることとなり、思想史における根本的な断絶が生じることとなった。古代の思想家は、原始キリスト教や中世の思想家と同様、社会的・経済的実践としての奴隷制の正当性に異議を唱えたことは一切ない。旧約聖書及び新約聖書自体は、奴隷制は戦争において殺されてもいたしかたがないとされていた敗者の命を救う行為であるとしており、敗者を奴隷にすることを非難しておらず、奴隷を虐待することのみを糾弾するだけであった。つまり、十八世紀は、奴隷制がその「行き過ぎた行為」のみならず、初めてそのもの自体が問題視された歴史的に極めて重要な時期であったということである。

この点に関し、後年になっても長きにわたって引用され続けた、一七四八年に出版されたモンテスキューの『法の精神（*De l'Esprit des lois*）』の有名な章が、この議論をまさに取り纏めた象徴的なテクストとなっている。モンテスキューは、「黒人奴隷制について（*De l'esclavage des Nègres*）」と題される章の中で、今日では誤解されることの多いひどく皮肉めいた筆致で、奴隷制を支持する人々の主要な論拠を短い文章で論破している。この章の結論部分では、この人間の貿易を成立させている国家の役割が徹底的に糾弾されている。

知性に欠ける人々は、アフリカ人にたいしてなされている不正を誇張しすぎている。もし彼らの言うほどだとすれば、あれほど多くの役に立たぬ協定を互いに作っているヨーロッパの君主たちの頭のなかに、慈悲と憐憫のために一般協定をつくろうという考えのおきないはずがあろうか。

モンテスキューは、鋭い筆致で、君主国間の政治的な力関係、商業的利益、そして奴隷制を制度として一切糾弾することのなかった教会の立ち位置など、奴隷制を正当化しようとするあらゆるものを一掃している。このため、モンテスキューが著したこの章は、彼以前に展開された議論を取り纏めた最初のテクストとなっており、以降、一七七〇年代まで新たな要素が付け加えられることもなく、何度も引用されている。この第一段階において、奴隷制そのものを糾弾するに至った哲学的、宗教的、道徳的、あるいは倫理的な議論が形作られたということである。

モンテスキューに続き、この世紀の著名な著述家のみならず今日では忘れられてしまった二流の著述家たちが反奴隷制に関する文献を極めて数多く発表している。これらの文献によって反奴隷制主義の理論的基盤が構築され、その後、この理論的基盤が乗り越えられることはなかった。しかし、この時期、奴隷制を糾弾するための文章を熱心に書いていた著述家たちは、奴隷制を消滅させるための提案を一切行っていないことをここで強調しておくことが適当であろう。これらの著述家のアプローチは、奴隷が存在しない植民地社会という未来を構想する政策を生み出すことはなかった。換言すれば、奴隷制を道徳的に糾弾することは、知的世界においては、議論の余地なく思想的な断絶であったと言えるが、政治的には、自らを完全に所有する権利という譲渡不可能な人間の権利に反すると批判されていたこの実践を断ち切るための行動につながるものではなかった。

奴隷制に対するこのような糾弾が十八世紀に増加したことは、驚くべき矛盾をはらんでいる。英国、フランス、オランダなど、植民地における奴隷制に誰よりも関与していたヨーロッパの国々の一部、そして米国が、まさにこの奴隷制の絶頂期に、奴隷制を根底から糾弾することになる考え方を展開していた。ヨーロッパの最も進歩していた社会におけるこの明白な矛盾の原因を、経済発展、それ自体も部分的には奴隷制を導入した植民地によってもたらされたのだが、に帰するべきであろうか。西欧における歴史的に類を見ない経済的繁栄は、その結果のひとつとして、個人主義を至上の価値として支配的なものとし、（社会的集団でも国家でもなく）人間をすべての関心の中心に置くことになったのではないだろうか。人間をすべての関心の中心に置くということは、自らと潜在的に同じ権利を有している他人を奴隷に陥れる権利を、一も二もなく人間的価値から除外することだったのではないだろうか。

道徳的価値観の変化に加え、これを完全に補完するものとして、経済的な次元における変化も存在した。分業に基づいた、経済的個人主義、職業選択の自由及び市場経済の出現により、最大限裕福になることを追求することが人生の目的となった。この新たな経済的パースペクティブにおいて、以降、奴隷制はこの進行中の変化の妨げとなる。ヨーロッパが繁栄したため、それ自体、部分的には植民地の繁栄によってもたらされたものであるが、奴隷労働によって価値を創出しようとする植民地体制は時代遅れなものとなり、植民地においても自由賃金労働者、分業が導入され、多くの作業が機械化されるようになった。このように新たな政治経済学が生まれる中で、いわゆる「経済的」な奴隷制に対する批判が、哲学的な反奴隷制の議論にある決定的な論点を加えることで、その議論を深めながら、普及していった。ここで付け加えられたのは、奴隷制の終焉は植民地の終わりを意味せず、また本国に荒廃をもたらすことはなく、むしろ逆に、奴隷制の終焉によって、経済的にさらに繁栄し、また諸民族間の平等な関係に基づく新たな植民地が創設されるようになるであろうとする考え方である。

実際、『法の精神』の出版から十年後の一七五八年にフランソワ・ケネー（François Quesnay）の『経済表（*Tableau économique*）』が出版された後、つまり一七五〇年代末から、重農主義を中心に据えた新たな経済的思潮が広がり始めた。重農主義が発展するに伴い、奴隷制に新たな眼差しが向けられるようになり、奴隷制は時代遅れなものであり、人間の労働形式として大して生産的ではないとますます批判されるようになった。競争原理に基づいた自由賃金労働者による労働市場を伴う、需要と供給の原理に基づいた新たな経済的合理性の名のもとに、奴隷労働に対し拒絶反応が示されるようになった。重農主義の論者たちは奴隷制を経済的な観点から糾弾するスポークスマンの役割を果たした。すべての重農主義者が、最終的には、ヨーロッパの「拠点」、つまりは新たな形態の植民地を創設することでアフリカの発展を企てることが可能になると考え、砂糖を生産している植民地は賃金雇用制度に転換し、また奴隷貿易は停止するべしと提案するようになった。

このように、十八世紀の新しい経済思想は、一七五〇年代に飛躍的に発展し、哲学的アプローチと収斂しつつ、奴隷制を糾弾するに至った。「自由主義者」、あるいはその後そのように呼ばれることになる人々は、奴隷制は時代遅れで古めかしい、およそ生産的ではない労働形態であると強く主張していた。アダム・スミスの言によれば、「自由労働は奴隷労働より豊かさをもたらす」、つまり、自由労働は奴隷労働よりも優れているということだ。今日ではよく知られているこの経済的な考え方は、確かに十九世紀に花開いたものであるが、このような考え方は、最初、デュポン・ド・ヌムール（Dupont de Nemours）、ミラボー侯爵、ボードー（Baudeau）神父、あるいは彼らのすぐ次の世代の後継者であるテュルゴー（Turgot）やコンドルセなどの一七五〇年代末ごろの重農主義者が表明していた。彼らは、確かに自然権を反奴隷制主義の根拠に据えていたが、同様にかつ原理的に――そしてそれは矛盾することなく――彼ら自身が必要であると考える経済的合理性にも依拠しながら、奴隷制やとりわけ奴隷貿易の「経済的非合理性」を糾弾していた。この「生産性」の論理に基づき、彼らは奴隷制や奴隷貿易を、段階的なものとは考えていたものの、近い将来に終わらせることを求めるようになった。

アダム・スミスは、『諸国民の富の性質ならびに原因に関する研究（*Recherches sur la nature et les causes de la richesse des nations*）』の第三巻及び第五巻の中で、奴隷制の非生産性に関する重要な議論を展開している。しかし、このような考え方が支配的であったとは言え、重農主義者がこぞって奴隷制を糾弾していたわけではない。例えば、この学派の権威の一人であるルメシエ・ド・ラ・リヴィエール（Lemercier de La Rivière）は、アンティール諸島の自然環境に完璧に適応していると考えられていた奴隷労働を擁護していた。彼自身、長い間、マルティニークの行政官であった。

第三章　奴隷制廃止運動の誕生と飛躍的な発展

図式的にはなってしまうが、奴隷制廃止に至るプロセスを三つの段階に整理することができる。前章で概観したとおり、第一段階では、反奴隷制主義の理論的基盤が構築された。世代交代や米国の独立によって新たな状況が生み出されたこともあり、一七七〇年代には大きな転換が生じている。レーナルや、とりわけ彼の「協力者」であり、最も先鋭的なテクストを生み出していたディドロやペシュメジャ（Pechméja）は例外であるが、一七七〇年代には、それまで指導的な立場にあった著述家たちはすでにこの世を去っているか、もしくはこの問題に関する主要なテクストを書き終えていた。また、この時期には、一七四〇年代から一七五〇年代に生まれた新世代の人々が成人しており、反奴隷制主義の先駆者である前世代の人々が遺した哲学的知識を自家薬籠中のものとしていた。この新世代の人々は、いかに奴隷制から「脱却する」かを考え始めており、また、少なくとも、望みどおり植民地奴隷制が終焉した場合、どのような状況が発生するのかを見極めようとしていた。

　ここで、多くの文献が引用している二つの事例を確認しておきたい。一つ目は一七七〇年の事例である。この年、ルイ＝セバスチャン・メルシエ（Louis-Sébastien Mercier）の『二四四〇年――叶って欲しい夢（*L'An 2440, rêve s'il ne fut jamais*）』という空想未来小説が出版されている。この小説の語り手は、実際のところ著者メルシエ自身であるのだが、著者の生後ちょうど七世紀後にあたる二四四〇年に、パリ市内のとあるベンチの上で目を覚ます。彼は、二十五世紀のパリを散策し、「啓蒙主義」による大きな進歩によって変貌したパリの街並みを読者に事細かに語っている。この小説のある一つの章には「風変わりな記念碑」という一風変わったタイトルがつけられており、そこでは奴隷制の変転が語られている。語り手は、案内人とともに、ルイ十五世の時代には存在していなかった記念碑が立っている広場を訪れる。その記念碑とは黒人像であり、その台座には「新世界の復讐者に」との謎めいた一文が刻まれていた。案内人は、十八世紀からやって来た男に、十八世紀以降にアメリカ地域で生じたことを詳細に語って聞かす。そして、この本のある一節では、ヨーロッパ各国のあらゆる植民地を打ち壊し、奴隷を解放し、白人を殺戮し、そして島嶼部と大陸の独立を宣言することとなった奴隷の全面的な反乱が、激しい言葉遣いで描かれている。これらのページはもちろんインクで書かれているのだが、書かれた言葉は血塗られているかのようである。案内人は、ルイ十五世の時代からやって来た訪問者に対し、訪問者の時代、ヨーロッパ人は、スペイン人が絶滅させたインディアンの代わりとするために、何百万人というアフリカ人をアメリカ地域に運び、砂糖を生産するために彼らを残忍にも奴隷に貶めるとの蛮行に及んだ、と歯に衣着せず語る。つまり、メルシエは、奴隷の中から立ち上がった一人の男が、仲間たちとの反乱を指揮し、植民地と奴隷を解放し、すべての白人を殺害し、とうとうアメリカ地域を解放したため、二四四〇年にはこのような野蛮な行為は跡形なく消え去ったとしている。この小説の中で「黒人スパルタクス」伝説が生まれ、この伝説は長きにわたって語り継がれることとなった。

これは、奴隷制は、この制度を打ち倒すことを目的とした蜂起によって終わりうることを、そして、モンテスキューの言を借りれば、ヨーロッパ人が「アメリカ地域の人口を増やすためにアフリカの人口を減らすこと」をいつまでも続けることはできないことを示した最初のテクストである。つまり、この小説は、奴隷制は白人を大量虐殺することによって終焉を迎え、自らを解放した元奴隷が、自らの手で、主権国家の基盤となる人間と領土をともに解放することになると明確に述べた、ヨーロッパで出版された初めてのテクストである。このようなテクストの二つ目の例は、レーナルの有名な著作の初版、一七七一年に出版された『東西両インドにおけるヨーロッパの拠点と通商に関する哲学的・政治的歴史（*Histoire philosophique et politique des établissements et du commerce des Européens dans les deux Indes*）』〔邦訳『両インド史』〕である。この著作は相次いで第三版まで出版され、一七八〇年版が最も先鋭的な内容となっており、奴隷制、奴隷貿易、そして植民地化そのものがこぞって糾弾されている。この第三版は、ディドロ、ペシュメジャの補筆によって、重要なテクストとなっている。この浩瀚な書において、レーナルは執筆者と言うよりは、むしろ編集者、もしくは、ほぼ「演出家」のような役割を担っていた。ディドロの最も先鋭的で、最も辛辣な反奴隷制的かつ反植民地的なテクストは、大成功を収めたこの本の中に収められている。

つまり、メルシエの作品と「ディドロ・レーナル」の共同作品と呼ぶことが適当なこの作品の二つは、同時代の人々に対し、奴隷制は、それを平和裏に消滅させるためのいくつもの改革によってではなく、蜂起という暴力によって終焉することになるとの考えを示した事例となっている。このような著作によって、当然のことながら、激しい論争、ことに、植民地の喪失や植民者の虐殺を望んでいるとして、著者に対する執拗なる批判がひき起こされた。メルシエと「ディドロ・レーナル」の名は、長い間、特に最初の奴隷制廃止の前兆となった一七九一年のサン・ドマングの奴隷反乱の後には、植民者たちの憎悪・恨みの対象となっていた。

とは言え、これらのテクストを別の形で読むことも可能であろう。著者たちは、そこに書かれているような暴力は全く望んでおらず、これほどまでに懸念されている蜂起が現実のものとなる前に、奴隷制を改革するよう、政治家たちに注意喚起していたのではなかろうか。つまり、植民地社会の指導者層に対する警鐘だったのではなかろうか。というのも、あえて指摘する必要もないであろうが、これらの著作は、当然のことながら、文字が読めないためにこれらを理解することのできない奴隷のために書かれたものではない。要するに、これは、蜂起を呼びかける檄文ではなく、予想されるうる惨事の発生が回避できなくなる前に、植民地の体制を改革すべきであると呼びかける檄文なのではなかったのか。実際、これらのテクストを必ずしも革命主義的なものとしてではなく、改革主義的なものとして読むこともできよう。というのも、メルシエと「ディドロ・レーナル」は、植民地に対する黙示録的な予言を行うとともに、奴隷制を穏やかに段階的に終了させることを目的として、漸進的な廃止を解決策として提案している。つまり、ある意味、蜂起の発生を回避するために、蜂起を黙示録的な形で提示していると考えることができよう。十八世紀後半に奴隷暴動の数がますます増加し、サン・ドマングなどの植民地社会の住民は、基本的にいつも、奴隷暴動が発生し続けることを異常なまでに懸念しながら生活していた。一七四〇年代末、サン・ドマングで発生したマカンダルによる大規模な蜂起によって、イスパニョーラ島は何年にもわたり恐怖に陥っており、ハイチ革命の時期までこの事件が忘れられることはなかった。一七九一年のサン・ドマングの奴隷暴動は、植民者にとっても奴隷にとっても、マカンダルあるいはその亡霊の再来であると考えられていた。このような事実を考慮すれば、この解釈はなおさら説得的なものとなろう。

奴隷制廃止プロセスの次の段階は、三十年以上にわたって練られてきた考察の論理的な帰結であると言えよう。奴隷制は確かに哲学的にも経済的にも糾弾されることではあるが、植民地における破壊行為の原因となる蜂起の発生をそのまま放置しておくことは極めて危険であると考えられるようになってきた[1]。

このような論理が展開される中、まずは一七七〇年代に北米、続いて一七八〇年代に英国とフランスで最初の反奴隷制協会が生まれている。これらの団体は、政治的と呼ぶにふさわしい計画を持つこととなる。この反奴隷制運動の第三段階は、奴隷制を廃止するための方策が政治的な問題として提案されると同時に、そのような提案をすることが国際的な課題であると認識された時期であり、以降、反奴隷制運動は、文字どおり奴隷制廃止運動となった。

一七七五年、アメリカの独立が宣言された時期に、ベンジャミン・フランクリン（**Benjyamin Franklin**）の庇護のもと、フィラデルフィアで最初の反奴隷制団体が設立された。反奴隷制運動は米国独立運動と結びついていたものの、英国との戦争の間は下火になっていたが、一七八三年に戦争が終結し平和が訪れると活動が再開され、数多くの反奴隷制団体が北アメリカ北部（フィラデルフィア、ボストン、ボルチモア、ニューヨークなど）に設立された。しかしながら――特筆すべき事実であるが――南部の州では、この種の団体は一切設立されていない。一七八九年、ブリッソ（Brissot）は、黒人友の会の勧めで行った出張後に、アメリカの反奴隷制団体に関する長大な報告書を発表しているが、その報告書の中で、奴隷が存在している地域には反奴隷制団体は存在していないという事実を指摘することを忘れている。要するに、この時期、誕生したばかりのアメリカ合衆国においては、南部と北部は目に見える形で分断していたと言うことである。

フランスと英国の反奴隷制論者は、反奴隷制団体の設立で米国に後れを取っていたことから、少なくともフランス革命の時期まで、奴隷制廃止に向けたプロセスは米国で始まると信じて疑わなかった。米国の独立宣言とそれに伴う権利宣言が奴隷制自体を打ち倒すに違いないであろうと考えられていた。当時、ヨーロッパでは、「自由なアメリカ人」と呼ばれていた人々が、自由を自らだけのために構想しており、黒人にまで拡大して適用することを望んでいない、とは考えられていなかった。

米国に続き、ロンドンでヨーロッパ最初の反奴隷制団体が設立された。こうして、英国の首都が反奴隷制運動の中心地となり、これが、十九世紀末ごろまで長きにわたって続くことになる反奴隷制運動の出発点となった。以降、英国では、広報パンフレット、小冊子、極めて急進的で大胆な文書が作成され、主としてロンドンから各地に展開されることになった。奴隷貿易船「ブルックス号」を描いた有名なポスターをはじめとする奴隷貿易との戦いのための素材など、一七八〇年代終わりにフランスで出回っていた数多くのテクストは、実際のところ英国から届いたテクストの翻訳や翻案であった。「ブルックス号」のポスターは、ヨーロッパの世論において激しい抗議を引き起こした。この奴隷貿易船「ブルックス号」は、奴隷制、とりわけ奴隷貿易のおぞましさを象徴するようになった。このテーマは、十九世紀の間ずっと、そして二十世紀に高まりをみせる追憶運動においても、芸術家たちによって取り上げられている。

一七八七年四月*の奴隷貿易廃止協会の設立は、英国における奴隷制廃止運動の誕生にとり重要なモメントであった。ウィリアム・ウィルバーフォース（William Wilberforce）とトマス・クラークソンの二名がこの協会の代表的な設立者である。以降、この英国の奴隷制廃止団体は大規模なキャンペーンを展開する。このキャンペーンを後押ししたのは、とある請願書である。この請願書は、英国国民に対し奴隷貿易を禁じる法案を英国議会で可決することを目的としており、何万人もの市民が署名した。ところが、一七八九年七月、この大規模なキャンペーンは、貿易関係者、海軍関係者、植民地関係者による極めて効果的な反対運動によって阻止されることとなる。この反対運動のために、下院議員の大部分が奴隷制廃止運動から距離をとるようになり、植民地の現状維持を選好するようになった。二十年近くの時を経て、奴隷制廃止運動の主導権はロンドンからフランスに移った。フランスでは、フランス革命により大きな社会変動が生じ、社会秩序やヨーロッパ列強間の均衡にとってこの革命が危険であるとすぐさま考えた人々が奴隷制廃止運動から距離をとるようにはなったが、奴隷制廃止論者の戦いに新たな展望が開かれることとなった。

＊　一七八七年五月とする文献もある（https://www.ucl.ac.uk/lbs/media-new/pdfs/killingray.pdf）。

事実、フランス革命直前の一七八八年二月十九日に、パリで、前述の黒人友の会が設立され、奴隷制廃止運動の三つ目の極が形成されている。その急進性と米国革命に賛同していたことで当時有名であった文筆家ジャック＝ピエール・ブリッソと、一七八四年からパリで生活していたジュネーブの大銀行家エチエンヌ・クラヴィエール（Étienne Clavière）の二名が主要な設立者である。クラヴィエールは一七八二年のジュネーブ革命の主導者の一人であり、一七八四年から一七八九年にかけて行われた大規模な金融オペレーションで中心的な役割を担った後、フランス革命政府の財務大臣となった人物である。このフランスの奴隷制廃止団体は、そもそもから、自らを英国と米国の奴隷制廃止論者の考えをフランスに普及させることを目的としたロンドンの反奴隷制協会の支部のようなものであると公言していた。

このように、独立直後の米国、英国、そしてフランスの三つの「極」を基盤とした国際的な組織が設立され、ロンドン、米国そしてパリの間で、情報が交換され、人々が行き交った。まさに「奴隷制廃止論者インターナショナル」とでも呼ぶことのできるこの運動に携わる人々は、意見交換を行う中で、列強各国は自国の富や力は植民地の砂糖に依存していると思い込んでいることから、他の列強と一緒でなければ奴隷貿易を廃止することはないであろうと考えていた。国際競争が激化する中においては、最初に奴隷貿易を廃止すれば、他国に益をもたらすことになる。このため、各国が協調して行動するのでなければ、この「おぞましい貿易」を非合法化し、これを禁止するようその他すべての列強に強制することはできない。黒人友の会は、このような考え方に完全に与しており、奴隷制の終焉自体は、奴隷貿易廃止という善行によって奴隷の生活条件が変容し、また植民者の心性が変化するであろう遠い将来に実現されるべき事項として設定されることになった。

このようにして、これらの反奴隷制団体は奴隷制廃止団体となった。彼らは、奴隷制の終焉を遠い将来の目標として設定し、奴隷制が存在しない植民地を構想する必要があると考えていた。とは言え、これらのいかなる団体も、奴隷制をすぐに廃止するべきであるとは考えていなかった点を強調しておく必要があろう。本国における命令や法律の公布によって奴隷が一切存在しなくなることが公に宣言される「偉大なる夕べ」が訪れることはなかった。このような急進的な計画案に対し、あらゆる団体は、奴隷制を即時に廃止するのではなく漸進的に終焉させるための計画を練り上げ、提案していた。漸進主義が規準となったため、奴隷制廃止に向けたプロセスは、一世代、あるいは二世代、さらには三世代にわたって展開する可能性があるものとなった。成人奴隷は奴隷であり続ける。彼らは決して解放されることはないが、彼らの生活や労働環境の改善が政治的な目標となった。成人奴隷を解放することは想定されておらず、解放はそれ以降の世代からのみ問題とされた。

これらの計画は、奴隷解放の奨励を重要な措置の一つとして想定していたが、奴隷を解放した奴隷所有者に税が課せられるなどの植民地法のために、奴隷所有者は奴隷を解放する意欲をますます失っていた。これに対し、奴隷制廃止団体は、植民地の全人口における「有色自由人」の割合を徐々に増やすために、この課税を廃止する計画を提案した。こうすることで、植民地社会に奴隷が「ごくわずか」しかいなくなるまで、奴隷の数が減少すると考えていた。この考えは、クラークソンによって明確に打ち出されている。クラークソンは、奴隷制廃止法なぞは結局のところ意味がなく、さらに言えば、危険であると考えていた。クラークソンは、それほど遠くない未来のある時期に、経済的にさほど重要ではなく、自然に消滅してしまう程度の奴隷制の残滓しか存在しなくなるよう、奴隷制の消滅に向けてあらゆる措置を講じさえすればよいと考えていた。

このような漸進主義は、二つの危惧によって根拠づけられている。一つ目は、これまでずっと隷属させられていたために自立した生活を送ることに向かなくなってしまった数多くの人々を一挙に解放してしまうと、必然的に大混乱と無秩序が生じてしまうのではないかという社会的恐怖である。自由という状態に用意ができていない人々は、解放されたからといって何をするというのか。奴隷制廃止論者も含め、人々は、これらの「新自由人」は、プランテーションを立ち去り、窃盗、略奪、殺人を犯すことになるであろうと信じ込んでいた。このような犯罪行為や無秩序状態に対する恐怖を鎮めるためには、奴隷と自由の間にいくつかの段階を設ける必要があると考えられていた。もう一つは、植民地の経済活動はもっぱら奴隷制に依拠しており、これを即座に転換することは不可能であることから、奴隷制を急遽廃止した場合、植民地が荒廃してしまうのではないかとの強い危惧であった。このような考え方においては、隷属から自由に漸次的に移行するのでなければ、植民地経済から需要と供給に基づく労働市場をベースとした自由賃金労働経済に転換することはできないとされていた。奴隷制廃止論者の中には、奴隷を自由な体制に慣れさせて賃金労働者に転換する前に、ヨーロッパ東部地域に倣い、奴隷を農奴にするとの計画を提案する人々もいた。

奴隷制を即時に廃止することは危惧されており、また拒否されていたが、これに対し漸進主義は受けがよく、米国、英国、フランスの奴隷制廃止団体は、〔まずは〕奴隷貿易を即時廃止するべきであると強く訴えていた。そもそも、ロンドンの協会自体が「奴隷貿易廃止協会」という名称であった。このため、十八世紀末以降、奴隷貿易廃止に向けた闘争は、奴隷制廃止運動における中心的な活動であり、十九世紀まで、少なくとも一八三〇年代半ばまで奴隷制廃止運動の活動の一つとして展開され続けることとなる。一八三〇年代半ばは、一八一五年のウィーン国際条約で承認された奴隷貿易の禁止がほぼすべての地域で適用された時期にあたっているが、キューバ、ブラジル、米国といった奴隷人口が極めて多いアメリカ地域の国々を目的地とする違法かつ人目につかない奴隷貿易がなくなったわけでない。

奴隷制廃止運動においては、人間を売買することの醜悪さを告発する数多くのテクストに加え、図像を用いた宣伝活動が極めて効果的であった。この方法は、世論、とりわけ文字を読むことができない人々に強い印象を与えるのに極めて適した方法であったと思われていた。例えば、スリナムの黒人反乱や反乱鎮圧を語るガブリエル・ステッドマン（Gabriel Stedman）の本によって、奴隷反乱がいかに危険なものであるかが一般大衆にも知られるようになった。ウィリアム・ブレイク（William Blake）が描いたいくつものイラストは、オランダ語版、イタリア語版、英語版、フランス語版を通じて、ヨーロッパ中の極めて広範な地域に広まった。白黒版もあるが、カラー版も存在する。このようなイラストの普及は、一般の人々の怒りを呼び起こし、奴隷制廃止論者の考えが飛躍的に広まる要因となった。

奴隷制が自然に消滅するとの幻想は、啓蒙の世紀終盤や十九世紀前半に見られた大きなユートピア思想の一つであったのかもしれない。事実、奴隷貿易さえ廃止すれば、奴隷制を漸進的に消滅させることができるとの命題は、世界中のどこにおいても実証されていない。新たな奴隷の調達を突然止めたことによって立ち行かなくなった奴隷制社会は存在しないということである。奴隷貿易は一八〇七年に英国で、一八〇八年に米国で廃止されたが、だからと言って奴隷制が消滅したわけではない。米国では、奴隷制は一八六五年まで存続していた。また、少なくとも定量的な面において、奴隷制が衰退していたと考える根拠も存在しない。一八三三年に英国で奴隷制が廃止された時も、一八〇七年の奴隷貿易廃止以降、奴隷の数は常に増え続けていた。ブラジルでも状況は同じである。ブラジルでは、奴隷貿易が廃止されてから相当時を経た一八八八年に奴隷制が廃止されている。非合法な奴隷貿易や人目につかない奴隷貿易は継続していたが、その点はさておいても、奴隷制は、奴隷の調達が止まった後も存続していた。というのも、奴隷制社会内部の力学がすばやく作用し、出生率が大きく上昇したことで、奴隷の人数を維持できるようになったのみならず、すさまじい勢いで奴隷の人数が増加することとなったからである。

ブラジル向けの黒人奴隷貿易は、ポルトガルがほぼ独占して請け負っており、大西洋奴隷貿易全体において群を抜いて規模が大きかった。ポルトガルは四〇〇万人以上のアフリカ人捕虜を移送し、そのほとんどを一八二二年の独立までポルトガルの植民地であったブラジルで売却していた。アンゴラのほか、ギニア湾やアフリカ東海岸のモザンビークが主要なアフリカ人捕虜の調達地であった。

また、一八二〇年から一八五〇年にかけての数十年の間に、違法な奴隷貿易により、毎年五万人以上の奴隷がブラジルに新たに運ばれていた。ブラジルでは大規模な暴動や奴隷の逃亡《マロナージュ》が数多く発生し、ブラジル社会のいたるところに数多くのキロンボが存在していた。このキロンボは、かつてはブラジル社会を構成する要素の一つであり、今日では集団的記憶を構成する要素の一つとなっている。このようにブラジルの奴隷制は大規模なものであったが、矛盾していると思われるかもしれないが、ブラジルでは大規模な反奴隷制運動や奴隷制廃止運動が早い時期に発生することはなかった。このような時間のズレは二つの要因から説明することができる。新興国家であるブラジルでは、独立は、自律的な民族運動によってではなく、ナポレオンのポルトガル侵攻から逃れるためにリオに避難してきたポルトガル王によって宣言されており、奴隷制と結びついた経済と関係のないエリート層は、緩慢にしか形成されなかった。これが一つ目の要因である。また、奴隷制が「自明のこと」と考えられていたことがもう一つの要因となっている。というのも、ブラジル社会は、極めて保守的であったカトリック教会によって強固に構造化された階層性と不平等性を特徴としており、あらゆる階層で奴隷制が実践されていた。カトリック教会自体も奴隷を所有していた。一八一六年から一八三一年の間にリオに住んでいたジャン゠バティスト・ドゥブレ（Jean-Baptiste Debret）による数多くのデッサンや絵画では、奴隷だけが働き、水の運搬人、髪結い、髭剃り、庭師、靴の修理屋、パン焼きなど、あらゆる仕事をこなしている都市の日常生活の情景が数多く描かれている。

このような特殊な状況にあったため、特に一八一五年以降、奴隷貿易などに関して、英国やフランスの奴隷制廃止運動の影響が全くなかったというわけではないが、奴隷の存在に疑義を呈する運動の誕生は遅々としたものであり、控えめなものでしかなかった。

確かに、独立国として国が誕生しようとしていた重要な時期に、知識人が奴隷制を「道徳的」に糾弾することはあったが、それは、長い間、主流となることはなく、政治的にも取り上げられることはなかった。よく引き合いに出されるのは、一八二三年に独立の基盤であった制憲議会で、ホセ・ボニファシオ・デ・アンドラーダ（José Bonifácio de Andrada）が行った滔々たる演説である。アンドラーダはこの演説の中で、奴隷制を「国家の基礎を脅かす致命的な癌」と形容している。

ブラジルおける奴隷制廃止運動の開始は、一八五〇年代まで待たなければならなかった。奴隷貿易を制限する法律が相次いで制定され、奴隷貿易は一八五六年以降廃止された。しかし、この時期においても、奴隷貿易廃止の立場をとる政治家は少数にすぎず、影響力はあったものの、英国やフランスの奴隷制廃止団体が十八世紀末から行ってきたやり方を手本にして組織だった活動をしようとは考えていなかった。

ブラジルでは、一八八〇年代前半に至るまで、組織だった奴隷制廃止運動が生まれることはなかった。一八八〇年代というのは、ほとんどの地域で奴隷制がすでに廃止されていた時期である。キューバとブラジルは国際的な反奴隷制の動きに最後まで抵抗した国である。

ブラジルでは、奴隷が人口の五〇パーセントを占めていた首都リオデジャネイロが奴隷制廃止運動を主導した。ホアキム・ナブコ（Joaquim Nabuco）が、英国の奴隷制廃止運動から直接着想を得、ブラジルの反奴隷制団体を設立した。同じ年には、ナブコによる『奴隷制廃止論者（*O Abolicionista*）』やアンジェロ・アゴスティーニ（Angelo Agostini）による『イラストレーション誌（*Revista Illustrada*）』などの奴隷制廃止論者のための雑誌が刊行されている。特に『イラストレーション誌』は、煮立った湯が入った釜の中に奴隷を投げ入れたり、怒り狂った拷問者が火の中に奴隷を投げ入れたりする様子を描いた図版など、表現力に富んだ風刺画を用いて、奴隷に対する扱いを激しく告発している。風刺画家の誇張もあるであろうが、奴隷に対するこのような扱いが公然と示されたことで、当然のごとく、民衆は憤激し、また、いまだにこのような奴隷を使役しているという国の古い体質が浮き彫りにされることとなった。リオを起点に推進された運動に続き、サンパウロ、レシフェ、バイアで奴隷制廃止団体が設立された。教会も奴隷制に対して以前に比べて批判的な姿勢をとるようになった。さらに、都市部のエリート層への影響を増大させていたフリーメーソンも、長らく多くの奴隷所有者がその集会に通っていたが、奴隷制を公然と糾弾するようになったことを指摘しておきたい。

中央アメリカ及びアンティール諸島における奴隷制廃止の時期

これらの控えめな奴隷制廃止運動が存在したからといって、奴隷制廃止に向けた緩慢な動きが一気に進むことはなかったが(2)、ブラジル社会において、奴隷制が「道徳的に糾弾」されるようになった。この傾向は、一八六〇年代から、奴隷所有者が、ヨーロッパで契約労働者としてブラジルに来るよう働きかける募集活動を行い(イタリア人、ドイツ人、ポーランド人など)、大量の白人移民がブラジルにやってくるようになるとさらに強まった。大量の白人移民が来たため、ブラジルの人口構成は徐々に変化し、ますます多くの国民が奴隷制を擁護することはなくなっていった。

第四章　最初の奴隷制廃止（一七八九―一八〇四）

I　奴隷貿易廃止の失敗（一七八九―一七九〇）

さまざまな奴隷制廃止論者による奴隷貿易に対する攻撃は英国で始まった。一七八八年五月の時点で、ウィリアム・ウィルバーフォースは、英国の奴隷貿易を廃止する法案に投票するための審議開始を求める動議を提出していた。植民地利害関係者は、この計画を阻止すべくすぐさま結集し、この動議は、植民地貿易や船主、またアフリカで黒人を購入するための商品を供給する数多くの業者の経済活動を脅かすものであるとして非難した。この植民地利害関係者によるウィルバーフォースの動議に対する反対運動では、大規模な署名運動が展開され（リヴァプールでは一万四千人分の署名が集められた）、大きな成果を上げた。結果、英国下院議会はウィルバーフォースの法案を否決した。このため、奴隷貿易廃止に関する立法府でのあらゆる議論は遠い将来に先送りされることとなった。

パリの黒人友の会の設立者たちは、西欧の商業的繁栄の基盤の一つである奴隷貿易に初めて疑義を呈したこの大規模な公の場における討論を注意深く見守っていた。英国における運動は、一致団結して戦うことで奴隷貿易の全面的廃止を実現するための手本と見なされていた。英国下院議会における議論が頓挫したことから、この問題に関する議論の中心はロンドンからパリに移った。実際、フランスでは、三部会が近々に開催される旨通知されたことで、一挙に改革派の未来が明るくなった。この機会に、黒人友の会の指導者たちは、皆の尊敬を集めていたコンドルセのテクストを用いて、フランス王国内全域で大規模な奴隷貿易反対運動を展開した。しかし、彼らは、奴隷制そのものに直接反対することはなかった。同様に、ネッケル（Necker）も、一七八九年五月五日に行われた重要な演説の中で、奴隷制の問題を真正面から取り扱うことを避け、政府が、黒人奴隷貿易に対しこれまで支払っていた奨励金を減額する可能性があることをほのめかしただけであった。このように、一七八九年初頭の中心的な議題は奴隷貿易の廃止であったが、これを文字どおり受け取る者は誰一人いなかった。というのも、奴隷貿易に対する一致団結した攻勢の背後では、奴隷制廃止自体が多少長い時間がかかっても達成されるものとして問題提起されていたからである。

ロンドンでウィルバーフォースの動議が頓挫した後、フランスで特権身分が廃止され、とりわけ一七八九年八月二十六日に「すべての人間は生まれながらにして自由であり、かつ権利について平等である」と第一条で謳う人権宣言が採択されたことから、以降、パリが奴隷制廃止運動のイニシアチブをとることになるであろうと考えられるようになった。このような宣言においては、奴隷制や奴隷貿易は非合法なものとして位置づけられている。このような社会の動きの中で、人間の売買を全面的に廃止する法律を正式に可決することを目指し、パリの黒人友の会は、憲法制定議会で演説の名手の一人であったミラボー議員に、黒人奴隷貿易に反対する演説を準備するよう依頼した。この時期、英国の奴隷制廃止団体の主要な指導者であったトマス・クラークソンが、ミラボーの奴隷貿易反対の演説の草稿起案に「アドバイスをするために」パリに到着したところであった。

ミラボーの演説を準備するために、ミラボーの「政治グループ」と呼ぶにふさわしい一つのチームが動員された。このチームには、一七八二年の民主主義革命が鎮圧されて以降、亡命していたジュネーブ人のエチエンヌ・デュモン（Étienne Dumont）や、黒人友の会会長で国際的にも影響力のあったジュネーブの金融業者エチエンヌ・クラヴィエール、同じくジュネーブ人亡命者サロモン・ライバズ（Salomon Raybaz）、そしてクラークソンが参加している。クラークソンは、その他のミラボーの協力者たちがまとめた議論に決定的な要素をもたらした。つまり、議員たちから「熱烈な賛成票」を獲得するはずであったこの演説は、さまざまな協力者による共同作品であり、その核となる部分は、一七八〇年代半ばからミラボーに魅了された協力者たちが中心になって起案したということである。この時期、ミラボー自身は国民議会議員として精力的に活動しており、植民地の実態をほとんど知らなかった議員たちに、黒人貿易のおぞましさを突き付けると考えられていたこの演説の「演出家」のような役割を担っていた。世間や人々の感情に訴えかけるという戦略が採用され、黒人奴隷船を漂流する棺に例えたり（「漂流する長い棺」）、捕虜に無理やり食事をとらせるために口を開かせる道具などの非人道的な実践を例に挙げたり、挿絵が描かれているクラークソンの手紙を引用して演説内容をわかりやすくするなど、強力なイメージ戦略が用いられた。

この演説は一七九〇年三月の初めに行われる予定であったが、国民議会、とりわけマシャック・クラブに大きな影響力を有していた植民地関係者や、ラ・ロッシェル、ナント、ボルドー、ル・アーブルの商工会議所の議員を支持する船主による議事次第への妨害工作が功を奏し、ミラボーは登壇能わず、結局、国民議会においてこの演説がなされることはなかった。この有名な演説は、一七九〇年三月一日あるいは二日に憲法友の会で発表されていると思われるが、この事実は憲法友の会会合議事録には記載されていない。続いて、一七九〇年三月二十二日、ミラボーはこの演説の依頼者である黒人友の会でこの演説を行った。ミラボーの演説は拍手で受け入れられ、本演説を出版することが可決され、ブリッソが前文を書くこととなった。しかし、結局のところ、本演説が印刷されることも前文が書かれることもなかった。この演説は、ミラボーの養子であるルカ・ド・モンティニ（Lucas de Montigny）がその一部を『彼自身、彼の父親、彼の叔父及び彼の養子によって書かれたミラボーの文学的・政治的回想録（*Mémoires littéraires et politiques de Mirabeau, écrits par lui-même, son père, son oncle et son fils adoptif* (1835)）』*第七巻に盛り込むまでついぞ知られることはなかった。

＊ 正式書名は『彼自身、彼の父親、彼の叔父及び彼の養子によって書かれたミラボーの自伝的・文学的・政

治的回想録（*Mémoires biographiques, littéraires et politiques de Mirabeau, écrits par lui-même, par son père, son oncle et son fils adoptif* (1835)）』

革命期のその後の議会においても、奴隷貿易廃止について議論がなされることはなかった。一七九三年七月二十七日には、奴隷貿易に関する唯一の措置がとられている。「ある議員が、今日まで奴隷貿易に付与されている奨励金を即座に廃止するよう要請した。国民公会はこの提案を布告する」[1]。この発議を行ったのはグレゴワール議員である。以降、共和国は奴隷貿易に奨励金を支払うことはなくなったが、奴隷貿易は合法であり続けた。

II サン・ドマングにおける「有色自由人」による反乱

植民地における議論は、すぐに植民地住民の地位の問題に収斂することとなった。「有色自由人」、「混血」、そして自由黒人（解放奴隷あるいは生まれながらの自由人）の一部は、土地や奴隷を所有していたが、民事権及び公民権を付与されていなかったことから、人権宣言第一条が全面的に適用されるよう要求していた。白人植民者は結集してこの要求に反対し、これらの自由人カテゴリーに属する人々を一七九〇年三月二十八日付法令によって設立されていた植民地議会から排除さえしている。このような対応は、政治的に「肌の色に基づく境界線（カラーライン）」という原則を設けるものである。白人植民者のこのような動きに対する反応はすぐに起こった。一七九〇年末、市民権を付与されていないことを問題視したサン・ドマングの有色自由人は、バスティーユを襲い自由と平等を手に入れたパリ市民の例に続けと武器を手にとった。しかしながら、この反乱軍は、きちんと組織されておらず、武器も不足しており、期待されていた隣のスペイン領からの支援もなく、すぐさま鎮圧され、反乱のリーダーであるヴァンサン・オジェ（Vincent Ogé）とジャン＝バティスト・シャバンヌ（Jean-Baptiste Chavannes）は、一七九一年二月二十五日に、広場で生きたまま車裂きの刑に処されている。この刑は、当時フランスでは禁じられていた刑であった。その他の反乱者は首吊りあるいは苦役の刑に処されている。このような激しい弾圧によって、植民地の自由人の二つのカテゴリーの間には越えることのできない溝が生じることとなった。

Ⅲ　サン・ドマングの奴隷蜂起と最初の奴隷制廃止（一七九一年八月―一七九四年二月四日）

奴隷所有者が二つのグループに分裂している状況は、奴隷蜂起にとって好ましい状況であったことは間違いない。それが理由となって反乱が発生したというわけではないが、敵である奴隷所有者勢力が大きく分裂していたことは、反乱軍の勝利の要因ではあった。一七九三年春にフランス革命軍とカリブ海地域の海洋列強国である英国、オランダ、そしてスペインとの間で戦争が始まったこともあり、すでにこの時期にはまさに戦争と言える状況になっていた黒人蜂起を鎮圧することは不可能となっていた。

一七九一年八月二十二日夜から二十三日にかけて、当時の植民地の首都であったカップフランセからほど近いプレーヌ・デュ・ノールに所在するルノルマン・ド・メジ（Lenormand de Mézy）所有のプランテーションで反乱の口火が切られた。根強く残っている伝承によれば、反乱に先立ち、確かな日にちははっきりしていないものの、おそらく八月十四日の夜に、「カイマン森」と呼ばれる森の中の切り開かれた場所で、キリスト教の儀式を織り交ぜたヴードゥー教の影響を受けた呪術的・宗教的儀式が執り行われた。この儀式の中で、奴隷たちは、セシル・ファティマ（Cécile Fatima）という名で知られる女性祈禱師の周りに集い、自由を獲得するために闘うことを誓った。ジャマイカからやって来た奴隷のブクマンは学識があったこともあり、儀式の「主宰者」となった。ブクマンは奴隷による反乱の最初期の指導者の一人であり、反乱の早い段階で殺されている。この儀式に関する情報はずっと後になって（一八一四年以降）知られるようになったことから、この儀式の歴史的実在性を疑う人々もいる。しかしながら、今日でも、この儀式は、ハイチにおいて人々の記憶に根強く残っており、起源神話となっている。

この奴隷反乱と戦うため、フランス議会は、まず部隊、軍艦、そして多額の資金等を送った。続いて、黒人友の会の圧力を受け、議会は、この奴隷反乱に脅威を感じるであろう全勢力を結集させるべく、白人と有色自由人を接近させる政策を取る。一七九一年四月四日付法令*によって、有色自由人は政治的権利を付与され完全なる権利を有する市民となった。この措置は、これに強く反対していた白人植民者の要求に背を向けるものであった。ブリッソ派が大半を占めていた議会は、この法令を適用させるために、広範な権限を付与した上で、三名の政府代表委員（commisaires civils）をサン・ドマングに派遣する旨の命令を発出した。ブリッソによって、黒人友の会に近いレジェ＝フェリシテ・ソントナックス（Léger-Félicité Sonthonax）、エチエンヌ・ポルヴェレル（Étienne Polverel）及びエロー（Ailhaud）が政府代表委員に任命された。この三名の政府代表委員が一七九二年九月初めにサン・ドマングに到着した時、サン・ドマングは、容赦なく拡大する奴隷の反乱、四月四日付法令に対し断固として反対する植民者、そしてフランス領植民地の存続自体を脅かすスペイン及び英国との戦争、という三つの戦線で戦闘が展開しているまっただ中にあった。この三つの戦闘は、この政府代表委員が後に下すことになるある決定の大きな理由となっている。政府代表委員は、その後一年ほどの間、有色自由人の法的平等を認める政策を植民地において適用させることができなかった。このような状況においては、移行期間も所有者に対する一切の補償金もなしに、奴隷制の即時廃止を宣言することのみが唯一の解決策であった。一七九三年八月二十九日、ソントナックスは、カップフランセにおいて、今後、奴隷は存在しなくなる旨布告した。

＊フランス国民議会資料によれば、一七九二年四月四日（https://www.assemblee-nationale.fr/histoire/esclavage/decret1792.pdf）。

人は、自由、かつ、法の下において平等なものとして生まれ、生存する。市民たちよ、これがフランスの福音である。共和国のすべての県においてこのことが宣言される時がまさにきた。サン・ドマングに政府代表委員として国家から遣わされた我々の使命は、四月四日付の法律をサン・ドマングで執行し、完全なる形でいきわたらせ、分裂や衝撃を生じさせることなく、奴隷の全面的な解放のための準備を徐々に行うことであった。（…）

フランス共和国は、肌の色の区別なく、あらゆる人間の自由と平等を欲している。王たちは奴隷に囲まれてしか楽しむことができない。アフリカの海岸であなた方を白人に売ったのはこれらの王たちである。この悪魔のような奴隷貿易が永続することを願っているのはヨーロッパの暴君たちである。**共和国**はあなた方を自らの子供の一員として受け入れる。王たちはあなた方を何本もの鎖で縛りつけるか、全滅させることしか願っていない。（…）

第一条　人間と市民の権利の宣言は、市町村の求めに応じて市や町に、軍司令官の求めに応じて野営地や駐屯地など、必要な場所ならばどこにおいても、印刷され、発行され、掲示される。

第二条　現在奴隷状態にあるすべての黒人及び混血は、自由を宣言され、フランス市民という資格に付与されているあらゆる権利を享受する。（…）

その後、九月二十一日に、エチエンヌ・ポルヴェレルが南部地域で同様の布告を行った。このように、奴隷武装蜂起が始まって二年が過ぎる頃には、急進的な奴隷制の廃止が、外部の敵に対抗し、植民者を従わせることを可能とする唯一の方法となっていた。というのも、自由人となり、市民となり、その結果兵士となる数多くの黒人が必要であったからである。

歴史的に大きな影響を及ぼすこととなるこの決定は、このような決定をする権限を全く有していなかったこの二名の政府代表委員によって下された。

奴隷制が廃止されるとすぐに、「サン・ドマングの新たな人々」の代表として、新たに議員三名が選出され、国民公会で議席を得るためにパリに派遣された。白人のルイ＝ピエール・デュファイ（Louis-Pierre Dufaÿ）、混血のジャン＝バティスト・ミル（Jean-Baptiste Mills）、そして黒人のジャン＝バティスト・ベレイ（Jean-Baptiste Belley）である。この三色の肌の三名の議員は、植民地社会を反映している。この三名は、大西洋における熾烈を極めた戦争のため非常に苦労した末に、一七九四年一月末にパリに到着した。彼らが到着した時には、サン・ドマングにおいて奴隷制が廃止されたというニュースはまだパリには届いていなかった。このため、この三名の議員は「反乱植民地の代表」と見なされ、奴隷制廃止宣言の伝達者であるにもかかわらず、保安委員会（Comité de sûreté générale）の命により逮捕されてしまう。この三名の議員は、おそらく公安委員会（Comité de salut public）の介入があったことから、釈放され、一七九四年二月四日（共和暦第二年雨月十六日）に国民公会に登院し、ジャン＝バティスト・ベレイが黒人として初めてフランス議会の席についている。デュファイは長い演説の中で、植民地の状況を詳細に報告し、ソントナックスとポルヴェレルが全くもって非合法的に行った決定、つまり奴隷制全廃を通告した。国民公会において最も有名な審議の一つであるこの審議において、出席していた全議員が満場一致で奴隷制廃止に賛成票を投じた。このようにしてサン・ドマングでの宣言は、ただ一つの条項から成る法令によって、合法化され、すべてのフランス領植民地で適用されることとなった。この条項は、奴隷制禁止を限定的に解釈することを許容することのない内容であった。

国民公会は、すべての植民地において黒人奴隷制が廃止されることを宣言する。この結果、国民公会は、植民地に居住する人はすべて、肌の色の区別なしに、フランス市民であり、憲法が保障するすべての権利を享受するものであることを宣言する。

この法令は奴隷制廃止論者が擁護してきた考えと袂を分かつものであった。奴隷制廃止論者は、決して移行期間のない即時の奴隷制廃止を望んでいたわけではなかった。しかし、ヨーロッパや海上で戦争が勃発している中で、奴隷反乱がかつてない規模で発生していたことから、奴隷制廃止論者が提案する解決策とは異なる、移行期間のない即時の奴隷制廃止というもう一つの解決策を選択するよりほかなかった。法律によって廃止されたわけではないが、海戦が勃発しており奴隷貿易を行うことができなくなっていたため、奴隷貿易の廃止は問題にさえならなかった。このため、フランス革命期には奴隷貿易は法的には一度も廃止されていない。植民地に奴隷を供給するという奴隷貿易の究極目的はもはや存在していなかった。また、「完全なる奴隷」と自由のあいだのいかなる「移行」期間ももはや問題とされることはなかった。

後世に語り継がれることになるダントンの演説は、この法令の適用範囲の普遍性とこの法令が英国との戦争中に発出されたという具体的な背景を同時に浮き彫りにしている。

フランス人民の代表者諸君。これまで我々は、利己的にも我々だけのために自由を宣言していた。だが今日、我々は世界に向かってこの宣言を行う。後世の人々はこの法令の中に自らの栄光を見出すことであろう。私たちは普遍的自由を宣言する。(…)国民公会はその義務を果たしたところだ。(…)

徳高きラスカサスによって展開された偉大な原理は無視されてきた。我々は後世の人々のために働いている。植民地に自由を送り込もう。まさに今日、英国は死んだ。

しかしながら、この奴隷制廃止の適用は、どの植民地においても予期されておらず、複雑な作業であった。国民公会は、奴隷制廃止を宣言する雨月十六日付法令を発効させるために二名の政府代表委員を派遣した。一人目はグアドループに派遣されたヴィクトル・ユーグ（Victor Hugues）であり、もう一人は仏領ギアナに派遣されたダントンのいとこであるニコラ・ジャネ＝ウダン（Nicolas Jeannet-Oudin）である。マルティニークは一七九三年七月から英国が占領していたため、この「フランス法」とは関係がなかった。グアドループでは、ヴィクトル・ユーグが「革命的に」奴隷制廃止の法令を適用させた。つまり、植民者と島の侵略をちらつかせる英国に対し、ヴィクトル・ユーグは、もはや戦争と言ってよいほどの軍事力を行使し、島を再征服した上で、法令を適用させた。一七九四年十二月十一日、激しい鎮圧の後、ヴィクトル・ユーグは、グアドループにおける全面的な自由を布告した。仏領ギアナでは、ジャネ＝ウダンは正面から反対する勢力に出会うことはなく、彼の後任であるコワンテ（Cointet）が奴隷制廃止を布告している。

インド洋植民地においては、フランス島（今日のモーリシャス島）とブルボン島（一七九三年七月からレユニオン島）では雨月十六日付法令は布告されることはなく、フランス革命期に奴隷制が廃止されることはなかった。本国から離れており、また、とりわけ英国軍艦が航路を支配していたこともあり、植民者が適用を拒否している法令を強制するために遠征部隊を派遣することは見合わせられていた。

一七九三年憲法には、植民地に関する言及はなく、共和国領土の定義の中に植民地は含まれていないが――植民地に言及がないため、奴隷の存在が想起されることが回避されていた――共和暦第三年（一七九五年）憲法は、植民地と本国の法的一体性を認めることで、憲法上、奴隷制の廃止を規定している。

第六条　フランス領植民地は共和国の構成要素であり、同じ憲法を順守する。

一七九八年一月一日（共和暦第六年雪月十二日）法によって、植民地の共和国への編成はさらに一歩進められ、植民地は、共和国市民と同じ資格を有する人々による他と全く同等の県となった。このため、奴隷制を復活させることは憲法上不可能となった。

Ⅳ　奴隷制の復活とサン・ドマングにおける失敗（一八〇一―一八〇四）

ナポレオンのクーデターにより執政政府が樹立されると、状況は大きく変わる。新たな権力のあり方を規定する共和暦第八年憲法は、植民地統合をなかったこととし、「フランス領植民地における体制は特別法によって規定される」とする第九一条により、二つの法が存在する体系が復活することになった。この条項は、何年も前から海軍及び港湾貿易関係者が強く望んでいた奴隷制復活の端緒となった。英国との間で和平が回復した後（一八〇一年十月一日に署名されたロンドン予備条約、一八〇二年三月二十五日に署名されたアミアン和平条約）、大西洋航路上での航海が可能となり、奴隷制を復活させるためにアンティール諸島に強力な軍を派遣することができるようになった。サン・ドマングに派遣された遠征軍はナポレオンの義理の弟であるエマニュエル・ルクレール（Emmanuel Leclerc）が率いた。また、グアドループに派遣された遠征軍はリシュパンス（Richepanse）の指揮下にあった。

グアドループにおける奴隷制の復活は、島を再征服するための戦争や、一八〇二年五月二十八日にルイ・ドゥルグレ（Louis Delgrès）を中心とする「全面的な自由」を掲げる人々が敗北するまで続けられた奴隷制復活反対派の根絶やしを目的とした一連の鎮圧によって実現することとなった。リシュパンスは一八〇二年七月七日*に奴隷制の復活を宣言している。サン・ドマングにおけるルクレールの戦争はこれとは大きく異なる結末を迎える。トゥサン・ルーベルチュール（Toussaint Louverture）やジャン＝ジャック・デサリーヌ（Jean-Jacques Dessalines）などの黒人将軍が率いる「現地人軍」が、ジェローム・ペチョン**（Jérôme Pétion）率いるムラート部隊と合流し、植民地を軍事的に再征服しようとする試みに抵抗し、勝利を収めた。トゥサン・ルーベルチュールは一八〇二年六月に捕らえられたが（ジュラ地方のジュー城塞に幽閉され、翌年四月七日にそこで亡くなっている）、ルクレールの死後ロシャンボー（Rochambeau）が率いることとなったフランス軍は、黄熱病や際限なく続くゲリラ戦のために多くの兵士が命を落とし、一八〇三年十一月十八日にヴェルティエールにおいて降伏した。奴隷制は復活されることなく、サン・ドマングは、一八〇四年一月一日にハイチ共和国となった。一七八三年のアメリカ合衆国に次いで、アメリカ地域で二か国目の独立である。この二か国目の独立では、元奴隷が権力の座に就くこととなった。

＊ フランス国立海外アーカイブによれば、グアドループで奴隷制が復活したのは、一八〇二年七月十六日（http://www.archivesnationales.culture.gouv.fr/anom/fr/Action-culturelle/Commemoration-esclavage-Delgres.html）。

＊＊ 当時「ムラート部隊」を率いていたのは「アレクサンドル・ペチョン（Alexandre Pétion）」とする資料もある（https://www.servicehistorique.sga.defense.gouv.fr/sites/default/files/2021-03/Napol%C3%A9on_Saint_Domingue.pdf）。

ハイチの独立は、あらゆる奴隷制植民地に大きな影響を及ぼした。ハイチは、長い間、奴隷制が消滅した唯一の場所であった。

このように、サン・ドマングの奴隷反乱の勝利は、植民地におけるフランス革命の影響を受けた重要な事績である。この奴隷反乱の勝利によって、サン・ドマングでは、奴隷制は完全に廃止されることとなった。奴隷制廃止は他の植民地にも広まったが、その適用は一律ではなく、累次にわたり軍が派遣された結果、最終的に一八〇二年に奴隷制が復活し、奴隷制の廃止は取り消される。「最初の黒人共和国」であるハイチの誕生は、蜂起による奴隷制廃止の成果であり、また、奴隷が自らを解放した場所において奴隷制を復活させようとしたナポレオンの思惑の結果でもある。「アンティールの真珠」の元奴隷たちは、奴隷制の復活を回避するために独立を宣言することを選択した。一八二〇年に出版された『セント・ヘレナにおけるナポレオン回想録（*Mémorial de Sainte-Hélène*）』の中で、帝位を追われた皇帝はこの失敗を回顧している。「アンティールの真珠を武力で服従させようとしたのは大きな誤りであった。トゥサンを仲立ちにして統治することで満足しておくべきであった。英国との和平が十分に確立されていなかった。アンティールの真珠を服従させていたとしても、その結果、私が得たであろう豊かな領土は、我々の敵を豊かにさせるだけであったに違いない」。後悔先に立たずというところか。

第五章　十九世紀の奴隷制廃止

奴隷制廃止に至る過程において、フランス革命時には、蜂起を伴う急進的な廃止という例外的な方途が選択された。これは、奴隷が消滅されるに至る長い道のりにおいては特殊な例であったと見なされるべきであろう。しかし、このような革命的な形での奴隷制廃止は、奴隷制植民地を所持している本国に対する警告でもあった。「次なるサン・ドマング」の勃発を回避するためには、慎重な改革政策を漸進的に進める必要があった。

I　奴隷貿易の廃止——一八〇七年、一八〇八年、一八一五年

一七八八年及び一七八九年に英国の奴隷制廃止論者が、次いでフランス革命初期にフランス人が展

開していた奴隷貿易廃止を達成するための闘いは実を結ぶことなく、革命期にもナポレオン時代にも、奴隷貿易は引き続き行われていた。奴隷貿易のペースが落ちることもあったが、それは列強間の激烈な戦争のために偶発的に生じていた状況にすぎない。したがって、フランスと英国が戦争していた時期には黒人奴隷を補給することができなかったが、一八〇一年末にフランスと英国の間で近々に和平が締結される旨発表されると、黒人奴隷貿易船は、植民地で黒人奴隷を高値で売却するために、再びアフリカ大陸沿岸に向けて出航しはじめた。フランス港湾関係者に関して言えば、奴隷制の合法的な復活(一八〇二年五月二十日公布)を待つ必要さえなかった。フランス革命期には、奴隷貿易を禁ずる法律は一つも制定されておらず、船主は合法的に再びアフリカ大陸沿岸に向けて船を出すことができた。

ナポレオン戦争のさなか、英国の下した決定により、奴隷制廃止に関する議論は転機を迎える。英国議会は、他の国々と調整することなく、単独で、黒人奴隷貿易を禁止する法律を可決したのである。一七八九年には、英国議会は同様の措置を棄却していた。しかしこの時期には、植民地関係者は、このような奴隷貿易禁止にかかる措置を検討し、受け入れることができるようになっていた。英国は、二世紀にわたって国際的な黒人奴隷貿易を牛耳っていた。しかし、十九世紀初頭、ナポレオンがヨーロッパ大陸のほぼ全域を支配していた時期には、奴隷貿易に反対する奴隷制廃止運動の主導者という立ち位置を確立することとなる。一八〇七年三月二日*には、英国市民に対し黒人奴隷貿易を禁ずる法律が可決されている。なお、デンマークも一八〇四年に奴隷貿易を禁止しているが、この小さな王国の黒人奴隷貿易に対する影響力は、強大な英国が持つ世界的な影響力に比して小さなものであった。この英国による決定は、互いに補完し合う二つの要因から説明することができる。一つ目は、奴隷制廃止団体の圧力である。奴隷制廃止団体は、とりわけウィリアム・ウィルバーフォースとトマス・クラークソンを中心に、一七八〇年代から止むことなく圧力をかけ続けていた。この二人は、一七九〇年以降、下院議会に対し一貫して動議を提出し続けていた。もう一つは、英国は、奴隷貿易を廃止することで、フランスに比して、国際的に意義のある威信を獲得することになったという点である。フランスは、フランス革命の理念に由来する思想をヨーロッパ全土に普及させてはいたが、ナポレオン政権が、フランス革命の理念に逆行する態度をとっていた。この二つの要因に加え、もう一つの事実を指摘しておかなければならない。前世紀末以降、英国の植民地に対する関心の中心はインドに移っており、このため、アンティール諸島の奴隷制植民地の重要性がはるかに低下していたという事実である。

＊ 英国議会によれば一八〇七年三月二十五日（https://www.parliament.uk/slavetrade/）。

米国はと言うと、まだトマス・ジェファーソン（Thomas Jefferson）（ヴァージニア州の奴隷大所有主であるが、啓蒙思想に大きな影響を受けていた）が大統領の時代であったが、英国とほぼ同時期に奴隷貿易廃止に関する法律を可決している。一八〇七年三月三日＊、米国議会は、米国に新たに奴隷を輸入することを禁止する旨議決した。ただし、この決定は、一七八七年に定められていた二十年間の猶予期間が終了するのを待たねばならなかった。一七八七年米国憲法は、奴隷制を維持している南部と奴隷制が禁止されていた北部の連合を定めたものであるが、同憲法には「奴隷貿易と奴隷制の現在の体制は一八〇七年以前には修正されることはない」との妥協点が盛り込まれていた。ジェファーソンは、アフリカ人が大量に流入することで、南部の人口バランスが崩れることを危惧しており、自身の大統領二期目が終わる前にこの法律を可決させようと急いでいた。奴隷を米国内に新たに輸入することを禁じるこの法律は一八〇八年一月一日に発効している。

＊ 米国議会図書館によれば、ジェファーソン大統領が議会で可決された法案に署名したのは、一八〇七年三月二日（https://www.loc.gov/resource/rbpe.22800200/?loclr=bloglaw）。

このように、十九世紀初頭に、二つの大きな海洋国家が黒人奴隷貿易を廃止した。これは、大きな路線変更であり、徐々に他の国々も追随することになる。

ナポレオンは、短期間のエルバ島への流刑から戻った後、奴隷貿易を禁止する一八一五年三月二十七日付勅令に署名した。[＊]この時期、フランス船舶は全く航行することができていなかったことから、この勅令署名は象徴的な行為でしかなかったが、英国の反仏プロパガンダを打ち切り、また、戦争が再開したためにウィーン会議の決定の適用が見送られていた状態を打開することを目論んでとられた措置であった。

＊フランス政府のアーカイブによれば、同勅令が公布されたのは、一八一五年三月二十九日（https://francearchives.gouv.fr/pages_histoire/82591600）。

Ⅱ　ウィーン会議（一八一五年）

ウィーン会議は、国際的に取り組む必要のあった奴隷貿易との闘いにとって重要な契機であった。敗戦国フランスも含め、ウィーンに参集したすべての列強の全権使節は、一八一五年二月十八日、*一回目の会議において以下の決定を下している。

＊国連人権高等弁務官事務所（ＯＨＣＨＲ）によれば、一八一五年二月八日（https://www.ohchr.org/sites/default/files/Documents/Publications/slaveryen.pdf）。

一八一四年五月三十日のパリ条約に署名した列強の全権使節は、一堂に会し、アフリカ黒人奴隷貿易という呼び名で知られている貿易は、いつの時代においても、分別のある人々から、人道及び普遍的道徳の原則に反するものとみなされていたということ、

この奴隷貿易が生まれるに至った特殊な状況やこの貿易活動を突然断ち切ることの難しさのため

に、この奴隷貿易を続けることが醜悪であるという事実は、ある時点・水準に達するまで、覆い隠されていたが、ようやく、あらゆる文明国において、奴隷貿易が可及的速やかに廃止されることを望むとの世論が高まったこと、（…）

直近のパリ条約には含まれていなかった条項により、英国とフランスは、ウィーン会議の場において、キリスト教国であるすべての列強が、全面的かつ最終的に黒人奴隷貿易廃止を宣言するよう、努力を結集することを約束していること、

本会議に集まった全権使節は、この取り決めを実現させることに専念し、かくも長きにわたりアフリカ大陸を荒廃させ、ヨーロッパを没落させ、そして人類を悩ませたこの災禍に終止符を打つ決意を彼らの主権者の名において誓うことによってしか、自らの任務を尊重し、自らの義務を果たし、自らの崇高なる主権者を導く原則を表明することができないであろうこと、を考慮した。

上記の全権使節は、彼らをこの仕事に取り組ませることになった原則を公式に宣言することで、この極めて有益な目標を達成するための方途に関する議論を開始することに同意した。

この結果、そして、各国司法が、全会一致で、上述のパリ条約には含まれていない条項が表明する原則に同意することで然るべく認めたことを踏まえ、全権使節は、黒人奴隷貿易の全面廃止は、本世紀の精神及び崇高なる主権者の寛大なる原則と合致しており、また、全権使節が特別の注意を向けるに値する措置であると考え、自らが有するあらゆる手段を用いて連携しつつ、また、この偉

大かつ素晴らしい大義に負っている熱意及び根気を全面的に傾け、これらの手段を用いて、極めて迅速かつ効率的に奴隷貿易を廃止するという切なる願望に突き動かされている旨ヨーロッパに対し宣言する。

しかしながら、上記の全権使節は、自らの目的がいかに素晴らしいものであっても、主権者は利益、慣習、さらには彼らの国民に対する保護に慎重な配慮がなされなければ、この目的を追求することはしないであろうと予測するに十分なほど主権者の感情を理解していることから、この一般的な宣言によって、とりわけ各列強が黒人奴隷貿易の最終的な廃止に最も適切であると考える期限を予断することはできないことを同時に認める。このため、この黒人奴隷貿易の全面的停止の時期は、列強間の交渉によって決定されることとなる。もちろん、その時期を確定し、そして時期確定の歩みを加速させるために、適切な方法を逸することは決してない。さらに、この宣言に参加した主権者によって締結された本宣言が規定する相互的な取り組みは、彼らの一致団結した努力によって完全なる成功がもたらされる時まで、完了したとは見なされることはない。

奴隷貿易の全面的廃止の原則は、少なくとも署名したヨーロッパ列強が適用することが可能な形で高らかに宣言されてはいるが、この奴隷貿易廃止の実施方法は各国に委ねられることとなった。つまり、各国は、植民地における既得権益に配慮し、奴隷貿易廃止の実現をさらに長い期間先送りすることができることになった。この点は、その後、少なくとも一八四〇年代まで続いた課題の一つであった。

実際、奴隷貿易の禁止を適用することは、長く複雑な作業であった。この人間の貿易の規模は一八二九年に頂点に達しており、この年だけで十一万人以上の捕虜が黒人奴隷貿易船で輸送されている。これは、ウィーン条約から十四年後のことである。一八三〇年から一八四〇年代末までの間に、奴隷貿易のために毎年四万人から八万人の奴隷がアフリカ沿岸部からアメリカ地域に運ばれた。この違法となっていた奴隷貿易の主な行き先はキューバとブラジルであったが、綿花の需要が最大であった時期には米国南部にも送られていた。キューバは一八五〇年代末まで、毎年新たに二万人から三万五千人の奴隷を輸入していた。また、フランス領アンティール諸島は一八三〇年代初めまで奴隷の非合法な輸入を続けていた。

III 非合法奴隷貿易に対する戦い

フランス代表タレイラン（Talleyrand）の協力を得て、ウィーン会議の決議を主導した英国は、続いて、非合法化された黒人奴隷貿易との戦いを先導することとなる。

奴隷貿易を取り締まるため、「国際仲裁裁判所」がシエラレオネ、ハバナ、パラマリボ、リオデジャネイロに設置された。この裁判所は二国間協約の枠組みで設置され、現行犯で取り押さえた船舶に対する制裁内容を決定する任務を担っていた。これらの裁判所すべてにおいて英国人が裁判長となった。フランスと米国は、英国の国際仲裁裁判所を認めず、フランスについてはゴレ島に、米国船舶に関しては出発港に、独自の機関が設けられている。

この奴隷貿易廃止政策は、英国を除く多くの列強が消極的であったため、順調には進まなかった。このため、英国はスペインに対し、キューバとブラジル（一八二二年にポルトガルから独立）向けの奴隷貿易を禁止するよう極めて強い外交圧力をかけたが、一八二〇年代、そして一八三〇年代においても、奴隷貿易は相変わらず行われており、増加さえしていた。列強が消極的であったうえに非力であったこともあって、非合法な奴隷貿易のこの主要な二つの目的地に対する圧力は功を奏さなかった。

一八三〇年以降、フランスが新たな政策の方向性を示したことで、決定的な転機が訪れる。ルイ・フィリップが王位についてまもなく、仏英間で互いに臨検し合う権利を行使し、アフリカ沿岸で協力して監視することを規定した仏英協約が一八三一年に署名された。続いて、フランスと英国は、奴隷貿易を取り締まるための巡航を効率的なものにするために、特にアフリカで購入された捕虜を輸送していると疑われる船舶を臨検する権利を合法化する一連の条約及び協約に署名した。ギゾー（Guizot）が交渉した一八四〇年十二月二十日の条約*がこれら一連の条約や協約の最後の仕上げとなった。フランスでは、一八三一年三月四日法によって、船長や船員に対する最高刑が強制労働になるなど厳罰化が進んだ。グレゴワールの手による小冊子『黒人奴隷貿易商人に科すべき加辱刑（*Des peines infamantes à infliger aux négriers*）』やモレナ（Morénas）やド・ブログリ（de Broglie）侯爵の著作など、奴隷制廃止論者が手を緩めることなくウィーン条約違反を攻撃する中で、この一八三一年三月四日法が公布されたことは意義深いことであった。また、同時期、キリスト教道徳協会が、非合法な奴隷貿易を激しく非難していた。(1)

＊フランソワ・ギゾー協会によれば、一八四一年十二月二十日（https://www.guizot.com/wp-content/uploads/Fr_Guizot_et_la_traite_RL.pdf）。

加えて、一八三九年には、教皇グレゴリウス六世が黒人奴隷貿易を非難した。確かに時期的には遅く、道徳的な批判にとどまってはいるものの、教皇による糾弾は、カトリック教国の奴隷廃止論者を力づけた。

これら二国間条約及び協約は、オランダやスペインのような他の列強にも広がり、遅々としたものではあったが、この非合法化された奴隷貿易の衰退に寄与することとなった。しかし、奴隷貿易が衰退したのは、旧スペイン帝国から生まれた国々など、ますます多くの国で次々と奴隷制が廃止されたためでもある。奴隷制が法的に消滅するにつれ、新たな捕虜の供給はほぼ不可能に、さらには必要のないものとなっていった。

Ⅳ　英国による一八三三年の廃止、最初の不可逆的な断絶

一八一五年のウィーン会議によって、英国による一八〇七年の奴隷貿易廃止が理論的にはあらゆる列強に拡大されることになると、英国は国際的な反奴隷制運動の先頭に立つことになる。しかし、植民地では奴隷制は存続しており、あらゆる状況から、植民者、船主及び植民地貿易から利益を得ているすべての人々からなる強力な圧力団体が、自らの既得権益を執拗に擁護するであろうと考えられていた。とは言え、奴隷制の問題は、比較的早く解決することとなった。この奴隷制に対する社会の変化は、少なくともその一部は、三つの要因から説明することができる。

まず、ジャマイカ、そしてバルバドスを中心として奴隷反乱が増加したため、制圧部隊をより頻繁に派遣しなければならなくなり、国家予算においてますます費用が嵩むことになった。世論は、この出費は、遠方に居住しており傲慢であると見なされていた植民者の利益を守るためだけに使用されていると考え、この出費に辟易していた。この世論の変化には、英国の主要な分離派教会（バプテスト教会派、モラヴィア兄弟団、クウェイカー教派など）に勢力を持ち、代表的な存在であった奴隷制廃止団が大きく関与している。

さらに、一八三二年には、選挙法改正によって、納税額に基づく投票権が拡大され、中産階級に属する議員が選出されるようになった。彼らは、保守的な上流階層に何世代にもわたって根を下ろしていた植民地問題にはあまり関心がなかった。英国下院の議席構成がこのように変化したことは、奴隷制廃止に関する議題の浸透に都合がよかった。

そして最後に、英領植民地の重心がインドに移ったことがおそらく決定的な要因であったと思われる。奴隷貿易、そして奴隷制への異議申し立てが不可逆的な動きとなる中で、一七八三年にアメリカ合衆国となる十三の植民地を失ったことは、英国が島嶼部の奴隷制に依拠した植民地から退き、アジアの新しい植民地に向かう契機となった。

この三つの要因のために、漸進的な奴隷制からの脱却という考え方が定着していくことになる。法的に「新しい自由人」を彼らが奴隷として働いていたプランテーションに「見習い」として縛り付けるという段階的な奴隷制廃止計画を準備する前に、奴隷に、所有主の妨害を受けることなく自分の自由を買い戻すことができる権利を与えることで、とりわけ、生産活動に直接的に関与していない奴隷を可能な限り早く解放する必要があった。この「見習い」期間は、計画立案者に応じて異なっているが、十年から十二年程度であった。「見習い」は、純粋に職業的な「見習い」であると同時に、公民的・道徳的な「見習い」である必要があるとも考えられていた。これらのさまざまな計画は、奴隷所有者に対する賠償金支払いを想定していた。この賠償は、収用され失われた財産に対する賠償であり、また、土地や生産手段の切り替えを可能にするためのものでもあった。

下院における長い議論を経て、一八三三年八月一日に段階的な奴隷制廃止に関する法令が可決された[*]、一年後に施行された。見習い期間は八年とされ、給料は一切支払われないものの、住居及び食費は引き続き奴隷所有者が負担することとされた。八〇万人近い奴隷がこの措置の対象となった。実際のところ、この見習い制度は、この「見習い」を構想した人々が想定していたものとは大きく異なる形で実施されることとなった。奴隷制を終焉させることと、奴隷制終焉の完全履行を奴隷にとっては遠いと感じられる将来に先送りするという二つの事柄を同時に宣言することは不可能であるということが明らかになった。つまり、完全な隷属と完全な自由の中間状態は存在し得ないということである。プランテーションからの脱走者は数多く、これらの脱走者を取り締まる措置も効果がなかった。見習い期間の終わりは、当初予定されていた一八四一年ではなく、一八三八年七月一日[**]に前倒しされることとなった。

* 英国政府アーカイブによれば、同法が公布されたのは、一八三三年八月二十八日（https://beta.nationalarchives.gov.uk/explore-the-collection/explore-by-time-period/georgians/1833-abolition-of-slavery-act-and-compensation-claims/）。

** 英国議会によれば、一八三四年八月一日（https://www.parliament.uk/about/living-heritage/evolutionofparliament/legislativescrutiny/parliament-and-empire/parliament-and-the-american-colonies-before-1765/the-west-indian-colonies-and-emancipation/）。

英国が奴隷制を廃止したことにより、国際社会の状況は確実に変化した。奴隷制を長きにわたって肯定していたある一つの植民地列強が、自らの植民地において、奴隷による戦争を発生させることなく、奴隷制廃止の一歩を踏み出すことができたことから、その他の列強は自分たちの奴隷をいつまでも維持し続けることができなくなった。これは、フランス人のイポリット・パシー（Hippolyte Passy）が一八三八年二月十日に下院議会で導き出した結論である。

今日、この報告によってすべてが変わった。まず、サン・ドマング革命の結末は黒人にとって素晴らしい教訓となった。また、英国は、奴隷制を強く非難攻撃し、自らの植民地における奴隷制の廃止を宣言することで、その他の列強が植民地において奴隷制を維持することを不可能なものとしたのだ。

V　フランスと二度目の廃止に向けた歩み

フランスは、奴隷貿易に対する戦いには貢献していたものの、王政復古の時期（一八一五年―一八三〇年）にも七月王政の時期（一八三〇年―一八四八年）にも、自国領植民地において奴隷制を廃止することはなかった。一七九三年から一七九四年に実現した最初の奴隷制廃止は、極めて過激で革命的なやり方で行われたため、結果、虐殺や植民地への軍隊派遣を引き起こしただけではなく、一七八九年以前にはフランスの植民地貿易の八〇パーセント近くを占めていた島サン・ドマングを失うこととなった。フランスは、植民者に対し賠償金を支払うことを条件に、一八二五年四月になってようやくハイチの独立を承認している。この事実は、このような形での独立をまったくもって予期していなかった植民地業界関係者や海軍の一部が激しく動揺していたことをはっきりと物語っている。断固たる反奴隷制の主張を擁護することは難しくなり、長い間、奴隷貿易に対する戦いのみが重要であると見なされ、また、黒人蜂起、ひいては、「サン・ドマングの惨禍」は、奴隷制廃止論者のせいであると非難されていた。

フランスの奴隷制廃止運動は、ナポレオンの時代には消え失せ、ごくわずかな人々のみが奴隷制廃止に関する言論を展開することができていただけであった。そのような言論を展開していた媒体、人物としては、十八世紀の百科全書派の理念を受け継ぐ機関紙『哲学と文学の十年（*La décade philosophique et littéraire*）』*や、帝政に強く反対していたが一八〇八年に『黒人の文学について（*De la littérature des Nègres*）』というタイトルの重要な書物を出版したグレゴワール神父を挙げることができる。また、もともと憲法の専門家であったランジュイネ（Lanjuinais）も一八〇二年の奴隷制復活を批判している。

＊ 正式書名は『哲学・文学・政治の十年（*La décade philosophique, littéraire et politique*）』。

フランス国外では、「コペ・グループ（groupe de Coppet）」と呼ばれる一派が、誰からも妨害されることなく、奴隷制を批判し続けており、奴隷制に対する糾弾の「炎」の命脈は保たれていた。このグループの名称は、ネッケル所有の城の名に由来する。この城は、ナポレオンに反対する共和派であったためにパリに居住することが許されていなかったネッケルの娘ド・スタエル（de Staël）夫人の住居であった。ナポレオンに反対する人々は、この著名な、そして裕福でもあった女性知識人の居住するコペ城に定期的に集い、啓蒙時代の議論、とりわけ奴隷制と奴隷貿易を糾弾する議論を引き継ぐある種のサークルを形成していた。このサークルには、ド・スタエル夫人の他、バンジャマン・コンスタン（Benjamin Constant）、シスモンディ（Sismondi）、オーギュスト・ド・スタエル（Auguste de Staël）、ヴィクトル・ド・ブログリ（Victor de Broglie）が参加していた。このコペ・グループは、交戦中であったにも関わらず、英国人であるクラークソンや、とりわけウィルバーフォースとも定期的に交流していた。これは、帝政下で、一段と弾圧されていた反奴隷制の理念を伝達するための貴重な人間関係のつながりであった。

組織的な奴隷制廃止運動は、一八一五年以降、表現の自由が比較的保証されるようになって、ようやく復活することとなったが、〔自己検閲などにより〕「フィルター」をかけた形でしか復活することができなかった。一八二一年にラ・ロシュフーコー＝リアンクール（La Rochefoucauld-Liancourt）公爵が主導して設立したキリスト教道徳協会は、何よりもまず篤志家的な性格の組織であった。この団体には、ジェランド（Gérando）、ラステイリ（Lasteyrie）、ド・ブログリ、ド・スエタル男爵（ド・スエタル夫人の息子）、バンジャマン・コンスタン等が参加していた。プロテスタントのメンバーが多かったこのキリスト教道徳協会は、一八二二年、奴隷貿易廃止を実効的なものとするための委員会を創設した。この委員会は、キリスト教道徳協会の機関誌に連載欄を持っていた。連載欄の記事は、表面的には、これまでに講じられてきたさまざまな法的措置の施行を要求することが何よりも重要であるとする内容であったが、政府が、奴隷貿易の実践、特にセネガル沿岸で行われていた奴隷貿易の実践に目をつぶっていることを示唆するものでもあった。メデューズ号（La Méduse）遭難事件や社会に大きな衝撃を与えたジェリコー（Géricault）の描く同遭難事件の絵画はこのような動きの中に位置づけられる。しかし、実際のところは、非合法な奴隷貿易に対する批判は、奴隷制そのものに対する批判への道を開いたのであり、誰もそのことを疑っていなかった。

とは言うものの、一八三三年の英国による奴隷制廃止という大きな転換以前には、フランスにおいて、フランス領植民地における奴隷制の廃止を公然と訴える奴隷制廃止運動が復活することはなかった。一七八八年に黒人友の会が設立された時と同様、この運動はロンドンからの影響によってもたらされた。一八三四年末には、英語風に綴られた『奴隷制廃止論者（*L'Abolitioniste*）』という機関紙を発行する奴隷制廃止のためのフランス協会が設立されている。このフランスの協会は、パリに滞在していた奴隷貿易及び奴隷制廃止のための英国協会の指導的メンバーであるザカリー・マーコリー（Zachary Macaulay）、ジェームズ・クーパー（James Cooper）、そしてジョン・スコーブル（John Scoble）の三名と密接に連携した上で、公然と設立されている。この協会には、ヴィクトル・ド・ブログリ、オディロン・バロー（Odilon Barrot）、アレクサンドル・ド・ラボルド（Alexandre de Laborde）、フランソワ・イザンベール（François Isambert）、そしてイポリット・パシーが参加していた。彼ら全員がキリスト教道徳協会の出身である。この新しい協会の事務局長には、弁護士のフランソワ・ド・モントロル（François de Montrol）が就任した。ド・モントロルは、一八二九年に、ブリッソの個人的文書を入手しており、そのなかには、黒人友の会の貴重な名簿も含まれていた。このことから、モントロルは、フランスの二つの奴隷制廃止団体である黒人友の会とこの新しい団体の連続性を確固たるものにしていた。時をおかずして、ラマルティーヌ（Lamartine）、ルドリュ＝ロラン（Ledru-Rollin）、そしてヴィクトル・シュルシェールがこの新しい協会に参加したことで、初期のオルレアン系自由主義者に加えて、同協会の「共和制主義の軸」が強化されることになる。アレクシ・ド・トクヴィル（Alexis de Tocqueville）、デステュット・ド・トラシー（Destutt de Tracy）もまたこの運動に参加している。

このフランスにおける二つ目の奴隷制廃止団体は、自らその後継者であると表明していた黒人友の会と同様に、知的エリートや政治エリートのみが参加するにとどまっており、一八三四年から一八四八年の間にわずかに百名程度の会員しかいなかった。所属会員の社会的基盤がより広かった英国とは異なり、フランスにおける奴隷制廃止運動においては、会員の範囲がこのように限定されていることが、一貫した特徴の一つであったようだ。

このフランスの協会が推奨していた奴隷制廃止に向けた計画は、十八世紀末の黒人友の会の教義、そしてとりわけ英国の段階的廃止主義の考え方の影響を受け続けていた。奴隷制の廃止は、一連の改革の成果であり、この時期には達成されていた奴隷貿易の禁止がその第一段階となると考えられていた。ここでも、サン・ドマングの「亡霊」がいたるところに姿を現していた。一八三五年四月二十三日、下院において、武力による蜂起を奴隷に唆したとして黒人友の会を批判する演説を行ったラマルティーヌも同様である。ラマルティーヌは、この演説の中で、「植民地に衝撃を与えることなく、所有者たちを破産させることなく、騒擾を発生させることなく、奴隷たちに動揺を生じさせることなく、我々が応えられる以上の期待を奴隷に抱かせないようにすることが賢明である」と述べている。一八四二年五月十日、*パリで英国の奴隷制廃止協会の代表を迎えた際のスピーチにおいても、ラマルティーヌはその意見を変えていない。

＊ フランス国立図書館の記録によれば一八四二年三月十日（https://gallica.bnf.fr/ark:/12148/bpt6k6218248z/texteBrut）。

> 我々は、段階的に、緩やかに、そして慎重に、黒人に人類の恩恵を享受させていきたい。我々はこの母なる大地の保護の下で、母なる大地を荒廃させる野蛮人としてではなく、母なる大地を補う子供として、黒人を人類の恩恵に招き入れていきたい。

奴隷制廃止のためのフランス協会は、一八四〇年代初頭までは段階的な奴隷制廃止を信条としていた。しかし、主にヴィクトル・シュルシェールの影響によって、この信条は大きく変化することになる。シュルシェールは、長期にわたるアメリカ地域への旅からの帰国途上、米国南部の州、フランス領アンティール諸島、そしてハイチを訪れている。この本格的な視察「ツアー」を経て、シュルシェールはある一つの明確な結論を導き出した。フランス領植民地にとって合理的な奴隷制からの脱却は奴隷制の即時廃止のみであり、さもないと、奴隷蜂起は増加するだけであり、サン・ドマングで起こった出来事がいたるところで繰り返される、とする結論である。ちなみに、帰国後に出版された彼の本には、訓示的なタイトルがつけられている。『フランス植民地——即時の奴隷制廃止（*Colonies françaises : abolition immédiate*）』。

このように現実が変化しているにも関わらず、奴隷制廃止のためのフランス協会は、常に曖昧な態度をとっていた上に分裂しており、七月王政に対し植民地における奴隷制を廃止するよう迫るための運動を推し進めることはできなかった。同協会は、引き続き、弱気な改革政策を公式の教義としていた。

VI　七月王政下の改革

一八三〇年革命により、改革派エリートが権力の座に就くこととなった。彼らは、その「行き過ぎた」部分は斥けつつも、一七八九年のフランス革命初期の後継者であると自認していた。新たな指導者たちは、新政権に近いサン・シモン派を始めとする経済的自由主義者たちが奴隷制は新たな産業の進歩にとって障害であると非難していたこともあり、ますます、道徳的及び「知性」の観点から奴隷制に反対するようになっていた。「市民の王」ルイ・フィリップ自身も、革命初期に、彼の父親が庇護していた黒人友の会に頻繁に顔を出していた。また、有力な政治家であったギゾーも極めて親英的な一派との関係が深かった。ところが、矛盾していると思われるかもしれないが、植民地における暴力的な反乱の再発を本能的に怖れるあまり、七月王政は、奴隷制の廃止を段階的なものでさえ一時たりとも検討することはなかった。

七月王政期当初から、とりわけ英国との協力関係を強化することで、非合法な奴隷貿易に対する戦いのための改革政策がとられた。(2)

この改革政策の基軸となる方針はシンプルなものであった。重税を課して奴隷解放の意欲をそぐのではなく、奴隷の解放を容易にするべしとする計画である。こうすることで、植民地における奴隷と自由人の人口比率は少しずつ修正され、最後には、解放されない奴隷は「残余」の割合にまで減少し、自由賃金労働で生計を立てる見込みのない所有主の扶養にとどめ置かれなければならない高齢の奴隷のみになる。つまり、極めて憂慮されていたくだんの奴隷制廃止令を公布することなく、奴隷制を消滅させるという計画である。

一八四五年七月十八日及び十九日、王は、奴隷所有者が奴隷を解放することを容易にする「マコー法」の名で知られる一連の法令に署名し、公布した。

マコー男爵は海軍・植民地大臣であり、見識ある改革主義者であったが、まったくもって奴隷制廃止論者ではなかった。マコー大臣が招集した委員会は、フランス領植民地の「非自由人」に対する改革案を提案することを主管事項としていた。この新しい法律の条項では「奴隷制」という文言は取り除かれている。「奴隷制」という文言が削除されたという事実から、長期にわたる奴隷制廃止論者の活動のため徐々に定着していった当時のイデオロギーがどのようなものであったのかがよくわかる。この「マコー法」の名で知られる一連の法律のすべての条項は、「非自由人」の境遇改善を目的としていた。

・先ず以て、自分の自由を買い戻す権利はあらゆる人に認められており、所有主はそれに反対することはできない。自分自身の自由だけではなく、両親、配偶者、嫡出子及び実子の自由の買い戻しも同様である。
・必要な食糧の一部を自給できるように、各家族が、無償で土地の一区画を自由に使うことができることとする。
・所有主が提供すべき食糧及び衣服の量を確定する。
・所有主が異なる非自由人同士の結婚が可能となり、当該夫婦の共同生活は植民地議会（conseil colonial）によって承認される。
・労働時間は、朝六時から夕方六時の間を越えてはならない。
・懲罰は、規程により定められる。所有主は、今後、一人の奴隷に対し、一五回以上の鞭打ちをしてはならない。これより厳しい罰は裁判所の管轄である。

マコー法のこれらの条項は、その「善意」がいかなるものであったとしても、奴隷制廃止論者が満足できる内容ではなく、また、奴隷に対しても長期的な自由の展望を提示することができていなかった。実際のところ、これらの改革法は、一八〇二年以降再び効力を有していた黒人法典に対する一連の修正にすぎなかった。マコー法は、ただの一度も、植民地における奴隷制の終焉を検討したことはなく、奴隷制を「人間らしくすること」、奴隷制から、奴隷制廃止論者が糾弾文書で常に言及していた極めて暴力的な部分を取り除くことを目的としており、奴隷制からの脱却という見地に立つことは一切なかった。政治家でありプランターでもあったピエール＝ヴィクトル・マルエ（Pierre-Victor Malouet）が十八世紀末に黒人友の会に反対して繰り返し述べていたのと同様に、この改革は、完全に「永続する奴隷制」という世界観に基づいていた。このように、十九世紀半ばになっても、奴隷が存在しない植民地世界を考えられない者と、段階的にあるいは何世代にわたったとしても奴隷を消滅させるべきであると提案する者との間の溝はなくなっていなかった。

奴隷制廃止のための協会がマコー法には中身がないと糾弾していたのに対し、植民者はマコー法を危惧しており、最高評定院（conseils souverains）を介してマコー法の適用を限られたものにするよう一生懸命になっていた。

このような状況の中、社会的な緊張が激しくなる一方で、植民地情勢は行き詰まっていた。このような植民地情勢の様子は、一八四七年に二巻本として出版されたヴィクトル・シュルシェールの『過去二年間の奴隷制の歴史（*Histoire de l'esclavage pendant les deux dernières années*）』の中でも言及されている。この本は、制御できないであろう爆発状態に植民地を追いやってしまったプランターに対するまごうことなき糾弾文書であった。

Ⅶ　一八四八年四月二十七日のフランスにおける奴隷制廃止

七月王政が崩壊するとすぐに、行き詰まっていた植民地情勢が打開される。一八四八年二月二十三日から二十五日に発生したパリ蜂起＊により第二共和政が出現すると、時をおかずして奴隷制廃止に向けた道筋がつけられた。実際、この蜂起の直後に新たな第二共和政暫定政府を樹立した人々は、奴隷制廃止のための活動家であった。アルフォンス・ド・ラマルティーヌが首相、フランソワ・アラゴ（François Arago）が海軍・植民地大臣となり、アレクサンドル・ルドリュ＝ロランも入閣している。例えば、ルドリュ＝ロランは、一八四四年五月の下院議会の討議において、奴隷制の改革の失敗を告発していたのではなかったか。

＊フランス政府によれば、一八四八年二月二十二日から二十四日（https://www.vie-publique.fr/fiches/268895-la-monarchie-de-juillet-louis-philippe-guizot-revolution-1848）。

慎重なやり方で奴隷に自由を与える準備を整えているなんて言わないでいただきたい。彼ら〔奴隷制支持者〕の自分本位で、盲目的で、頑固な意志は、あなた方の生ぬるく役に立たない意思よりも強く、力強いであろう。こんなやり方ではだめだ！　こんなやり方ではだめである！　こんな使い古された、すでに不評をまねいており、すでに不毛であることがわかっている中途半端なやり方では、人間らしい寛容な心をこれ以上満足させることはできない。というのも、このような態度は、今後も、これまでと同じように奴隷制という犯罪を目前にして、まったく何も行動を起こさないということだからである。あなた方が断ち切ろうとしない鉄の鎖を、奴隷たちが殺戮や血の海のなかで断ち切る日が来るであろう。サン・ドマングを思い出してください。

一八四八年三月三日、アラゴは、セネガルから戻ったヴィクトル・シュルシェールをその日のうちに、植民地担当次官（sous-secrétaire d'État aux colonies）に任命し、奴隷制問題を解決するとの明確な任務を与えた。シュルシェールの登用は、明らかに政治的な判断によるものである。シュルシェールは、フリーメーソンと近しい関係にあった筋金入りの共和主義者で、一八四〇年代頭から数多くの著作を通じ、奴隷制を即時に廃止することのみによって、島嶼部における奴隷たちの一斉蜂起を回避することが可能になると明確に論じていた。三月四日には、奴隷制廃止の政令を準備するための委員会が設置された。というのも、シュルシェールは、保守派が過半数以上選出され、奴隷制廃止が無期限に先送りされてしまうことを危惧し、四月末に予定されていた議会選挙を待つことなく、迅速にことを進めたいと考えていたからである。暫定政権は、この奴隷制廃止の政令を準備するための委員会に対し、明瞭な言葉で指示を与えている。

共和国政府は、フランスのいかなる領土においても奴隷を所有することはできないと考え、以下のとおり宣言する。共和国のあらゆる植民地において、奴隷を即時に解放する準備をできる限り短期間に行うことを目的とした委員会を暫定海軍・植民地大臣の下に設置する。

この委員会は三月六日に職務を開始した。植民者の代表は一人もこの委員会の委員に任命されていない。即時の奴隷制廃止という原則はすでに承認されていたことから、委員会では、「新自由人」のプランテーションにおける労働や居住の義務、各奴隷に割り当てられてはいるものの所有主が所有権を有し続けている「黒人菜園」をどうするのか、元奴隷の新生活支援のための融資、そして新自由人に与えられる完全なる市民権を始めとする「全面的な自由」を実現するための方途が議論された。

政令は一八四八年四月二十七日に署名された。これがフランス領植民地における奴隷制終焉の公式な日付である。

暫定政府は、

奴隷制は人間の尊厳の侵害であること、

奴隷制は、人間の自由意志を損なうことで、権利と義務の自然原則を無効なものにしていること、そして、

奴隷制は、共和国の信条である自由、平等、友愛に対する明白な侵害であることを考慮し、

また、もし、すでになされた奴隷制廃止の原則にかかる宣言に沿った効果的な措置が適切にとられなければ、植民地にとって最も痛ましい混乱が生じることになるであろうことを考慮し、

以下のとおり宣言する。

第一条　あらゆるフランス領植民地及び所有地のどちらにおいても、本政令が公布されてから二か月後に、奴隷制は完全に廃止される。植民地において本政令が公布された後、あらゆる身体的懲罰、非自由人のいかなる売却も、完全に禁止される。

第二条　セネガルにおける時間契約労働制（système d'engagement à temps au Sénégal）は廃止される。

第三条　共和国の総督もしくは政府委員（commissaires généraux）は、マルティニーク、グアドループとその付属地、レユニオン島、仏領ギアナ、セネガル、その他アフリカ西海岸におけるフランスの拠点、マイヨット島とその付属地、そしてアルジェリアにおける、この自由を保障するための特別な措置全体を責任をもって適用させる。

第四条　自由人によって、自由人に対してであれば決して課せられることのない身体刑や懲治刑の罪を宣告された元奴隷は赦免される。行政措置により国外追放となった個人は呼び戻

される。

第五条　国民議会は、植民者に付与されるべき賠償金の一部を支払う。

第六条　奴隷を一掃した植民地及びインドの所有地は、国民議会に代表権を有する。

第七条　共和国の植民地と所有地において、フランス領土に入った奴隷を解放するという原則が適用される。

第八条　今後、外国の領土であっても、あらゆるフランス人に対して、奴隷の所有、売買、及び奴隷に関わるあらゆる貿易や搾取に直接的あるいは間接的に関与することを禁ずる。これらの規定に違反した場合、フランス市民の資格を喪失することとなる。しかしながら、本政令公布時に、上述の禁止事項に違反しているフランス人は、政令に適応するために三年間の猶予期間を有する。外国領において、相続、遺贈、もしくは結婚により、今後、奴隷の所有者となった場合は、同様に、奴隷の所有がはじまった日から三年以内に奴隷を解放するか譲渡しなければならない。

第九条　海軍・植民地大臣及び陸軍大臣は、それぞれの管轄において、本政令の執行に責を負う。

第十条　フランス共和国の暫定政権メンバー：署名、デュポン（・ド・ルール）(Dupon (de l'Eure))、ラマルティーヌ、マリー（Marie）、ガルニエ＝パジェ（Garnier-Pagès）、ルドリュ＝ロラン、アラゴ、アドルフ・クレミュー（Ad. Crémieux）、ルイ・ブラン（Louis

Blanc)、フロコン（Flocon)、アルマン・マラスト（Armand Marrast)、アルベール（・ウーブリエ）（Albert（ouvrier)）。

この政令では、奴隷所有者に対する賠償金支払いの原則が明確に規定されている（第五条）。これにより、奴隷廃止論者が、場合によっては支払わなければならないと長きにわたって議論してきた賠償金が支払われることとなった。この点については本書第六章で再び論じる。

この政令は、各地の総督による公式宣言の二か月後に各地で発効することとなっていた。マルティニークでは、五月二十二日にカルベにおいて蜂起が発生した。このため、ロストランド（Rostoland）総督は、本政令の公式の使者であるペリニョン（Perrignon）の到着を待つことなく、奴隷制の廃止を前倒しで宣言した。グアドループでは、プランテーションにおける奴隷の集会をやめさせるために、五月二十七日に奴隷制廃止が宣言されている。仏領ギアナでは、奴隷制廃止は六月十日に実施された。最後に、レユニオン島では、共和国の代表であるジョセフ・サルダ＝ガリガ（Joseph Sarda-Garriga）が十二月十日になってようやく奴隷制の終焉を公式に宣言した。

奴隷制廃止が宣言された後の数年間にはさまざまな問題が生じている。その一部は、奴隷に付与されていたが、所有者が再び自らの土地に統合したいと考えていた土地区画に関連した問題である。大部分のケースでは、元奴隷家族は、強制退去を拒否して土地を占有し、所有者が再統合することを妨げた。その後、この数多く発生した不法占拠は公正証書により合法化されることになり、このため、マルティニークやグアドループでは、小土地所有農民が形成されることになった。[3]

Ⅷ　スペイン語圏の新生共和国における奴隷制の廃止

フランスが「一七八九年の娘」として再び共和制になり、フランス領植民地における奴隷制を廃止した頃、旧スペイン領植民地では、複数の独立国家が文字どおりモザイク状に存在していた（ミランダ（Miranda）、続いてボリバル（Bolivar）が構想した大コロンビアは、ベネズエラ、コロンビア、ボリビア、エクアドル、ペルー、パナマなどのいくつもの主権国家に分裂していた）。これらの新国家すべてでは、十六世紀にスペインによる征服が始まった当初から奴隷制が実践されていた。これらの国々は、スペインが阻止することができなかったため、一八一〇年から一八二五年の間に独立しているが、独立に伴い奴隷制が廃止されることはなかった。独立戦争の指導者《リベラトドーレス》たちは、みなスペイン領植民地社会の上流階級出身であり、奴隷所有者であった。一部はシモン・ボリバルのように非常に数多くの奴隷を所有していた。米国においても構図は同じであった。つまり、アメリカ地域においては、植民地の独立達成は奴隷制の廃止を意味するわけではなかった。ハイチの独立のみが異なる道をたどった。ハイチでは、奴隷制は独立に先だって廃止されており、かつ独立の原因でさえあった。一八一六年一月にハイチを訪れた際、シモン・ボリバルはハイチのアレクサンドル・ペチョン（Alexandre Pétion）大統領と物質的な支援（武器及び弾薬）について交渉を行った。ボリバルはペチョンに「後世の者たちに、アレクサンドル・ペチョンは私の祖国の解放者であると伝えるべきだろうか」と尋ねた。これに対し、ペチョンは「その必要はないが、あなたが指揮することになる土地で黒人奴隷制を廃止すると約束して頂きたい」と応じた。しかし奴隷が解放されることはなかった。ボリバルは、すでに定着していた慣習に従い、彼の軍隊に加わって戦った奴隷を解放しているが、プランテーション制度自体に手を付けることはなかった。

アメリカ地域のスペイン語圏の国々における奴隷制消滅に向けた歩みは、各国の経済及び社会の中で奴隷制が占める位置に応じて、三十年近くにわたり展開されている。スペイン領植民地で最初に奴隷制を廃止したのは、一六九七年の分割以降スペイン主権下にあったイスパニョーラ島の一部であるサント・ドミンゴ（現在のドミニカ共和国）であったことを指摘しておこう。一八二二年、ハイチは、ボワイエ（Boyer）大統領時代に、スペイン領植民地全体を併合し、すぐさま奴隷制を廃止した。トゥサン・ルーベルチュールが一八〇一年に同様の措置をとっていたが、その際には、翌年にスペイン領に復帰したため奴隷制廃止はすぐに失効していた。しかし、ボワイエが「征服の権利」によって奴隷制を廃止して以降、サント・ドミンゴにおいて、奴隷制が復活することはなかった。

チリは一八二三年に奴隷制を廃止し、続いてボリビアが一八二六年に、メキシコが一八二九年に廃止した。この最初のグループによる奴隷制廃止以降は、奴隷制廃止の動きは緩慢であった。一八五一年にコロンビア、一八五四年にアルゼンチン、*そしてベネズエラ――ボリバルの祖国であったにもかかわらず――、一八五五年にペルー、一八七三年には依然としてスペインの主権下にあったプエルトリコが奴隷制を廃止した。キューバは、少なくとも名目上はスペインの植民地であったが、一八八〇年から一八八六年になされた段階的な奴隷制廃止の時期、つまりプエルトリコが米国の保護領となり、キューバが米国に統治されることになる米西戦争の直前まで、奴隷制を維持していた。そして、ブラジルが一八八八年五月十三日に奴隷制を廃止したことで、アメリカ地域における奴隷制は完全に消滅した。

＊国連教育科学文化機関（ＵＮＥＳＣＯ）によれば一八五三年（https://unesdoc.unesco.org/ark:/48223/pf0000133738）。なお、本書巻末の年表では、アルゼンチンの奴隷制廃止は「一八五三年」となっている。

IX　オランダ、スウェーデン、デンマーク

オランダが領有していたスリナムには数多くの奴隷がおり、長期間にわたっていくつもの大規模な

蜂起が発生し、また逃亡《マロナージュ》も報告されていた。スリナムには、植民者に服従しないアメリカインディアンが居住する密林がいたるところにあり、逃亡《マロナージュ》が極めて容易であった。他方、オランダ本国では強力な奴隷制廃止運動は発生しなかったことを確認しておきたい。このため、オランダ領の島々やスリナムでは一八六三年まで奴隷制が続いている。

スウェーデンは、一八四七年にサン・バルテルミー島（一八七七年にフランスに再譲渡された）で奴隷制を廃止している。

デンマークは、一八四八年のフランスの奴隷制廃止を受けて、ヴァージン諸島、セント・トーマス島、セント・ジョン島、セント・クロイ島など、デンマーク領の島々において奴隷制を廃止した。

X　米国――南北戦争と奴隷制の終焉

米国における奴隷制とその廃止は、十九世紀を通じて、世界経済及び国際関係において米国の重要性がますます大きくなってきたこと、また、米国で導入されていた奴隷制は規模が大きく重要であったことから、アメリカ地域全域の中で例外的なものとなっている。

一七八七年、奴隷制が徐々に廃止されていた北部の州と、タバコ、綿、砂糖などを生産するため、経済の大部分を奴隷労働に依拠していた南部の州の間の妥協が憲法に盛り込まれることで国家形成に向けた動きが進展した。

一七八七年憲法では、奴隷制は、通常法によってではなく、憲法を修正することで廃止される旨規定された。新たな州が数多く合衆国に加入したことで、「奴隷制州」と「自由州」の間のバランスが大きく変化した。新たに加入した州は奴隷制維持派を支持したため、各州が二名の代表を送る上院において、改革案を可決することが困難となった。

十九世紀には、北部州及び南部州の間で数多くの軋轢が生じていた。反奴隷制論者と関係を有していることが周知の事実であったアブラハム・リンカーン（Abraham Lincoln）が大統領に選出されると、一八六〇年、北部州と南部州は断絶する。一八六一年二月四日に十一の州が別途「連合国」を創設するとして合衆国を離脱すると、すぐに、二つの陣営の間で戦争が始まった。この戦争は、四年間にもわたり激烈な対立が展開された最初の「近代」戦だった。一八六四年六月、*工業化が著しく進んでいた北部に南部が敗北する形で戦争は終結する。リンカーンは直ちに奴隷制の廃止を宣言した。一八六五年十二月六日、議会が可決したアメリカ合衆国憲法修正第十三条は「奴隷制及び本人の意に反する労役は、犯罪に対する刑罰として当事者が適法に宣告を受けた場合を除き、合衆国内あるいはその管轄に属するいずれの地にも存在してはならない」と規定している。

なお、元奴隷所有者に対する賠償金は一切支払われていない。

＊米国国勢調査局によれば、南北戦争最後の地上戦において南軍が降伏したのは、「一八六五年六月」(https://www.census.gov/history/www/homepage_archive/2015/april_2015.html)。

XI　ブラジル――奴隷制の最後の砦

ブラジルが奴隷貿易に対する戦いを受け入れたのは、遅い時期になってからのことである。奴隷貿易に対する最初の措置は、英国による強い圧力を受けてのものであるが、一八三一年に可決された新たな奴隷の輸入を禁止する法律である。この法律は、可決されたものの施行されることはなかった。同じく、英国は、一八四五年にブラジルとの間で署名された条約に基づき、ブラジル領海でもブラジル船を巡察した。このような英国の圧力を受け、ブラジルは一八五〇年九月四日に奴隷貿易を禁じる法律を公布したが、この法律の第三条は極めて解釈の幅の広い規定であった。

船舶の所有者、船長あるいは船の指揮官、航海士、操舵手、兵長及び船荷監督は、奴隷の輸入を行ったもしくは企てた主犯者である。乗組員、ブラジル領土に奴隷を上陸させる手助けをする者、その事実を当局に対し隠蔽する手助けをする者、海上臨検あるいはブラジル領に上陸させたのちに法的手続きを妨害した者は共犯者である。

数字が示しているように、奴隷貿易がなくなることはなかったが、中央政府は方針を転換した。一八五四年、ナブコ・ジ・アラウージョ（Nabuco de Araujo）司法大臣の名を冠した法律により、奴隷貿易に加担した地方政府に対し重い罰則が科されることとなった。このように新たな法的措置が取られたことで、確かに黒人奴隷貿易は数年の間は非常に活発化してはいるが、その規模は小さくなり、その後、一八五六年に全面的に終了することとなった。なお、一八五四年及び一八五五年には、プランターが奴隷制貿易の全面的かつ実効的な禁止が差し迫っていることを見越したのか、五万五千人以上の奴隷がブラジルに輸入されている。

当時、奴隷制廃止自体は、遠い将来には起こるかもしれない程度にしか見なされていなかった。事実、ブラジルにおける奴隷制廃止への歩みは長く、重要な措置がいくつか取られてはいたが、これらの措置は奴隷労働の全面的な廃止という観点は有していなかった。これら措置の中で最も重要な法律は、一八七一年九月二十八日付の「出生自由法（du ventre libre）」と呼ばれる法律であった。以降、奴隷の母親から生まれたすべての子供（「純真な子供（ingênu）」と呼ばれる）は、生まれた時から自由となった。とは言え、彼らは、二十一歳までは母親の所有者のもとに留まり、年齢に応じた仕事をすることが義務付けられていた。つまり、奴隷制からの脱却は極めて漸進的なものであったということであろう。

一八八〇年には新たな段階に入る。「六十歳代（sexagénaire）」と呼ばれる法律によって、国が奴隷所有主に対して補償金を支払い、六十歳以上の奴隷を解放した。とは言え、この法律で解放された奴隷は、六十歳から六十五歳の間も所有主のもとで働かなければならず、完全なる自由を獲得できるのは六十五歳になってからであった。奴隷の平均寿命を考慮すれば、この法律は多くの奴隷には関係なく、この法律によってプランテーションの稼働が脅かされることはなかった。奴隷制を全面的に廃止する法律は一八八八年五月十三日に成立している。「黄金法（loi d'or）」と呼ばれるこの法律は、決定までに時間はかかったものの、奴隷制の全面的な廃止が国家レベルで決定されることは避けられないことを見越したセアラー州、アマゾナス州などの多くの都市や州全体が奴隷を解放した後に制定されている。この「黄金法」により、ブラジルは奴隷制を、少なくとも十六世紀初頭のヨーロッパによる植民地化によってこの地域で展開されることとなった奴隷制を最後に廃止した国となった。

第六章　賠償金問題

奴隷を失う所有者に対する賠償金支払いの問題は、奴隷解放に関する最初の措置が講じられるずっと前から議論されていた[1]。奴隷は合法的な所有物であり、奴隷制が法的に廃止されるのであれば所有者は賠償金を受け取るべきであると考える人々と、ある人間を別の人間が所有するということはいかなる場合においても不当な暴力行為であり、法律によって奴隷制が廃止され、自然権が完全に回復される場合には、賠償金は一切支払われるべきではないと考える人々が対立していた。

十八世紀の啓蒙の時代に表明された諸原則に基づき、奴隷を所有することは合法である、つまり神聖不可侵であるとする考え方を斥けることが、奴隷が法的に廃止された場合にプランターに対して賠償金を支払うことを拒否するという考え方の基盤となっている。この点に関し、コンドルセは、一七八一年の時点ですでに極めて明確かつ急進的な立場をとっていた。

我々の原理によれば、奴隷制の廃止は、市民と同様、諸王と諸国が従うこの厳正なる正義によって要求されている。

我々は、奴隷制が廃止されることで農業生産が減少することは決してないことから、各国の貿易や富が損なわれることはないということを明らかにした。

我々は、奴隷所有者は彼らの奴隷に対しいかなる権利も有しておらず、奴隷を隷属状態に止め置く行為は所有権の行使ではなく犯罪であること、法律によって奴隷を解放することは、所有権の侵害にはあたらず、本来であれば法律が極刑でもって罰するべき行為の容認を止めることを意味しているということを明らかにした。それゆえ、裁判によって盗品の所有権を剝奪された泥棒に対し弁済義務を負うことがないのと同様、主権者は奴隷所有者に対していかなる弁済義務も負うことはない。寛容な法律によって犯罪が容認され罰は放免されているものの、そうであるからと言って、その犯罪から得た利益に対する実質的な権利が認められるわけではない。

主権者は、より正当化できうる考え方に基づき、自らが適当であると判断するすべての制約を奴隷制に課すことができ、また、自らが奴隷の所有者に課したいと考える税や負担を課すことができる。社会維持のための条件でもなく、また社会維持のために必要でもなく、さらに納税者にとっても有用ではないあらゆるケースにおいては、土地や人、消費に対する課税は、所有権及び自由を侵害することから不当である場合もあろう。しかし、奴隷所有者は正当な所有権をまったく有していない。というのも、奴隷所有者に対して税を課す法律は、奴隷所有者に対して物の使用権を認めてはいるが、この法律は奴隷所有者から使用権を剝奪する権利を有しているのみならず、立法者は正しくありたいのであれば、奴隷所有者からこの使用権を剝奪する義務さえ負っている。わずかばかりの金銭的負担と引き換えに、奴隷所有という罪を長期間不問にしてきたのであるから、この奴隷制廃止の法律が奴隷所有者にとって不当であることはありえない[2]。

奴隷制に関する法律がたとえ合法的なものであったとしても、この法律は自然の法則と根本的に対立していることから、不法であることに変わりない。一八三五年、シリル・ビセット（Cyrille Bissette）はプランターの論理とは真逆の論理を展開している。曰く、奴隷は一度たりとも合法的な所有物であったことはなかった。このため、奴隷制の廃止が所有権の侵害とみなされることはなく、逆に、本来の所有権の回復として考えることができる。つまり、奴隷制を廃止することで、奴隷は自分自身の人格の所有権を回復する。このため、不当に人間を所有していた者に対し賠償金を支払うことは道徳に反するであろう。

これに対し、プランターに対する賠償金支払いに賛成する人々は、所有権を尊重する必要があると強く訴えていた。彼らにとって、奴隷制、及びその供給源である奴隷貿易は、正当かつ完全に合法なものである。各国は一貫して奴隷所有や奴隷貿易を奨励し、それらに出資し、法律や税制という無視することのできない手段を用いて保護してきた。奴隷制の廃止によって、奴隷所有者は所有物を取り上げられることになるため、公共の利益のために行われるあらゆる収用と同様に、賠償金の支払いを伴うべき所有権の侵害であると一貫して主張していた。

一七九一年、マシャック・クラブのメンバーであったルイ゠マルト・ド・グイ゠ダルシ（Louis-Marthe de Gouy-d'Arsy）議員は、船主や植民者は法律の保護の下で奴隷制に投資していたことから、国が船主や植民者から物を奪うことはできず、奴隷に対する所有権は、西欧諸国の基本法によって保障され、一七八九年の人権宣言の二つの条項（第二条及び第十七条）でも言及されている神聖不可侵の権利であるとの論陣を張った。

英国では、一八三一年に、植民地選出議員であるウィリアム・バージュ（William Burge）が、下院で次のように訴えている。

プランターの黒人奴隷に対する所有権は法律及び慣習によって認められており（…）たとえ法律及び慣習が不適当であり、修正されるべきと考えられるとしても、これら法律及び慣習はそれでも法律であり慣習であることに変わりはなく、この理由において、遵守されなければならない。

ラマルティーヌもまた、一八三三年五月二十五日に下院において、回避することができない奴隷制の廃止は国家による奴隷の買い戻しとして考えられるべきでものであり、奴隷所有者の所有権を喪失させることのないよう穏便に奴隷制から脱却することを提案している。

奴隷解放は誰に利益をもたらすのか。まずは、自由、家族、所有権、人間的な生活を回復する奴隷に利益をもたらす。次に、危険で威嚇的であり、そして神や人類に対して正統性を有していない所有物を、一般法における所有物、つまり、所有者を辱めることも困惑させることもない所有物と交換する植民者に利益をもたらす。最後に、奴隷を解放することは誰に利益をもたらすのか。人間の尊厳という不可侵な原則を買い戻し、自らの名誉を回復することができる社会に利益をもたらすことになる。つまり、奴隷解放は、社会、植民者、奴隷に等しく利益をもたらしている。

このように、フランスにおける議論においても英国における議論においても、立法府に提出された意見の大部分は、奴隷所有者に対して「正当かつ事前の賠償金」が支払われるのでなければ、奴隷は「いたって普通の」、合法的な、そしてつまり不可侵の所有物であるとの意見であった。このような考え方が、フランス領植民地における奴隷制を廃止した一八四八年四月二十七日付政令第五条「国民議会は、植民者に付与されるべき賠償金の一部を支払う」の趣旨である。この条項が施行される中で、プランターからの賠償金請求を個別に検討するための「賠償金委員会」が設置された。同委員会は一八五〇年代末まで存続している[3]。

奴隷所有者に対する賠償金は、米国を除き、十九世紀においてはほぼ一般的に支払われていた。米国では、南北戦争で敗北した南部に対し奴隷制廃止が強制されており、「人間という所有物」を失った奴隷所有者に対して賠償金が支払われることは一切なかった。奴隷制を導入していたそれ以外の地域においては、多くの場合、煩雑な交渉の結果、賠償金が支払われており、その額は、解放された奴隷の想定価値の四〇〜一〇〇パーセントであった。各地域で本件を担当していた賠償金委員会は、奴隷所有者が提出した書類を検討し、支払うべき賠償金を査定していた。

賠償金の額は、フランス領植民地では平均で約四〇パーセント、プエルトリコでは約一〇〇パーセント、英領植民地とオランダ領植民地では約五〇パーセント、デンマーク領植民地では約二三パーセントだった。

一七九四年二月四日（共和暦二年雨月十六日）付の国民公会令によるフランスにおける最初の奴隷制廃止では、賠償金の支払いは一切想定されていなかった事実を思い出しておこう。一八〇二年のナポレオンによる奴隷制の復活（奴隷制廃止の決定が取り消された唯一の例。ここでは、奴隷制廃止の決定はその八年後に取り消されている）では、人間を再び所有することができるようになったため、植民者は賠償金を要求する運動を展開することはなかった。

サン・ドマングの事例は特殊である。サン・ドマングでは、奴隷蜂起により奴隷制が廃止され、奴隷制が復活することはなかった。このため、サン・ドマングにおいて奴隷制が廃止された状況は、奴隷制を導入していた植民地のほとんどの地域の状況とは根本的に異なっている。それらほとんどの地域においては、奴隷所有者は、比較的寛容な額の賠償金を受け取っており、この賠償金によって、奴隷所有者は、立法府の奴隷制廃止の法律によって「強奪された者」という地位にあることが認められていた。国民公会において奴隷制の全面的廃止が可決されたことで、サン・ドマングにおける奴隷制廃止の決定は合法的なものとなった。しかしながら、この可決に先立って、法案の内容が十分に議論されていたわけでは全くない。それまでは、奴隷制の廃止は、段階的に、そして平和な時期に実施されるものと常に考えられていたが、植民地の緊急事態に対応するために、このような移行期間のない即時の奴隷制廃止を行うとの政治的な判断が下されていた。

このように革命的な形で奴隷制が廃止された例外的な状況においては、奴隷を突然奪われた奴隷所有者たちに対する賠償金の支払いが問題となることはなかった。つまり、前述のコンドルセが長きにわたって主張してきた立場が適用されたということである。フランス革命下において、この立場は変わらず、植民者に対し賠償金は一切支払われることはなかった。

他方、とりわけ虐殺から逃れるためにハイチから逃げ出した植民者に対しては、往々にして即時に支援の手が差し伸べられた。フィラデルフィア、ボストン、あるいは米国のその他の港において、フランス当局はハイチから逃げてきた植民者に対し支援を与え、フランス本国においても迅速に支援している。一七九三年から一七九九年の間には、サン・ドマング植民者を中心とする植民者を対象とした、難民家族に対する支援を確保するための措置が一定の条件下でとられている。これらの措置は、十九世紀の間、一八七〇年代初めまで、何度も形を変えながら存続した。何十年もの間、これらの措置の利益を享受したのは、植民者の子孫であった。これらのほとんどは慎ましやかな生活を送っている人々であった。この支援は「人道的な」性質のものであり、植民者が奴隷を失ったことに対する何らかの賠償金であるとは見なされていなかった。

一八二五年四月十七日付のシャルル十世の勅令によってハイチ共和国に対して課された植民者に対する賠償金は、性質を異にしている。フランスは、一七九三年から一八〇四年の間にハイチを離れざるを得なかった植民者の財産に対しハイチが一・五億金フランの賠償金を支払うことを条件に、この旧植民地の独立を承認した。その後、さまざまな変遷を経て、ハイチ共和国は、一八三八年の協定に基づき植民地賠償金をフランスに支払った。賠償金額は、一八三八年の協定で九千万にまで減額されたが、その支払いは三十年間に及んだ。これは、自ら解放を勝ち取った四六万人以上の奴隷の価値の「返済」を意味するのであろうか。この複雑な財務手続きに関するどの文書もこの点について一切言及していない。植民者一人一人に対する賠償金を算定するために、不動産（土地、住居、製糖工場、コーヒー農園、倉庫など）が計算に組み込まれた。一方、この長く、面倒な手続きのために作成された数多くの文書には、奴隷の数は一切記載されていない。しかしながら、上記の生産手段は、それを動かす奴隷がいなかったとしたら、どのような価値があったのであろうか。この点については、今日でも議論が続けられている。

ある一つの決定的な差異によって、「サン・ドマングの賠償金」は、奴隷制からの脱却プロセスにおける特異な事例となっている。賠償金が支払われた地域ではどこでも、「強奪された」植民者に対する彼らの奴隷の価値に相当する金額は、植民地列強の政府予算から支払われていた。これに対し、外交的なハイチの独立承認と引き換えにシャルル十世の勅令によってハイチ人に対し課されることになったサン・ドマングの賠償金は、ハイチ人自身によって支払われている。元植民者自身が作成した文書によれば、元植民者に対し支払われる年賦金を、フランス預金供託金庫を通じてフランスに支払っていたのは、ハイチ共和国であった。この「独立のための」と呼ばれた負債を支払うため、歴代のハイチ政府は、放棄された植民地の広大な土地に形成された細分化された土地で農業を行う農民に対し、コーヒーで支払いが可能な税金を課した。つまり、元植民者への賠償は、農民によって生産されたコーヒー輸出によって支払われたということである。これは、その他の国で奴隷制廃止に対する賠償金と呼ばれているものとは大きく性質が異なる手続きであった。

第七章　奴隷制終焉後の社会の変転

I　植民地の将来――新たな植民地化？

奴隷制が廃止されると、熱帯地域の植民地に特有であった農業の生産システム全体が脅かされることとなった。脅かされた生産システムとは、例えば、ヨーロッパや北米の中間層、さらには庶民にも消費されるようになり、生活必需品となった砂糖、コーヒー、カカオ、綿花や織物のための藍などの熱帯地域の農産物を生産する粗放農業である。これらの農産物は、広大な農地と奴隷労働という二つの生産基盤に依拠していた。プランターは、このような仕事を引き受ける自由労働者は一人もおらず、説得できたとしても、数が相当に限られており、高額の給与が必要となるであろうことから、奴隷なしにはこれらの生産物のどれも世界市場に供給することができないと主張し、一貫して、この奴隷労働という生産様式（及び権力様式）を擁護していた。

最終的には奴隷制を廃止させた奴隷制廃止論者も、おおむねこの考え方に同意していた。奴隷制廃止論者は、奴隷を解放することで、労働力をなくしてしまうことではなく、労働力を解放することを想定していた。サン・ドマングにおいてソントナックスが最初に奴隷制廃止を宣言した時には、「新自由人」に向けられた以下の通知によって、すでにこのような道筋がつけられていた。

しかしながら、これからあなた方が享受する自由が、怠惰や無為を意味しているとは思わないでほしい。フランスでは、皆が自由であり、皆が働いている。サン・ドマングも同じ法に従うことから、このフランスの例に倣うことになる。仕事場やかつての所有者のもとに戻れば、あなた方は苦役に対する給与を受け取るであろう。かつてのように屈辱的な体罰に支配されることはない。あなた方はもはや他人の所有物ではなくなる。あなた方は自分自身の主人になる。そしてあなた方は幸せな生活を送る。(…)

あなた方を中傷する連中や暴君たちは、アフリカ人は自由になると働かなくなると言い張っている。彼らが間違っていることを見せつけてやれ。あなた方を待っている給与のことを考え、競争心を今まで以上にかりたてろ。あなた方の労働を通じて、あなた方とフランスの利益を結びつけることで、フランスはその富と資金を大きく増やすことができるということをフランスに見せつけてやるのだ。

奴隷制の廃止は労働の終わりを意味するわけではない。元奴隷はプランテーションにとどまり、そこで給与と引き換えに働かなければならなかった。奴隷制廃止宣言の後に制定された「農耕規約（Règlement de culture）」では、元奴隷の新たな地位が以下のように明確に述べられている。

第一条　人間と市民の権利宣言は、市町村の求めに応じて市や町に、軍司令官の求めに応じて野営地や駐屯地など、必要な場所ならどこにおいても、印刷され、出版され、掲示される。

第二条　現在奴隷であるすべての黒人及び混血は、自由であることを明確に申し渡され、フランス市民の身分に付与されているすべての権利を享受する。しかしながら、彼らは、以下の条項にその措置が記載されている体制に従わなければならない。

第三条　すべての元奴隷は、自らの居住地の市町村役場において、自分自身や妻および子供の市民登録を行い、その際、政府代表委員が署名したフランス市民証明書を受け取る。（…）

第九条　現在、元所有者の住居を離れていない黒人は、そこに居続けなければならない。彼らは農業のために雇用される。

第十一条　上記の元奴隷である農業従事者は一年契約で雇用される。その間、彼らは、判事の許可がある場合のみ、住居を変更することができる。この許可については以下で言及され、その条件は別途決定される。

この農地政策は、これ以降の政権でも、まずは植民地の枠組みで、続いてハイチ国家の枠組みにおいて引き継がれ、強化されることとなった。一八〇一年七月に定められたトゥサン・ルーベルチュールの憲法においても、ソントナックスの規定が継承され、強化されている。

第十四条　植民地は、本質的に農業を基盤としており、農業労働がわずかであっても中断されることがあってはならない。

第十五条　各住居は農業従事者や労働者が集まる職場である。また、この住居は活動的かつ安定した家族の安らぎの場でもある。その土地の所有者やその場所の代表者は父親でなければならない。

第十六条　農業従事者や労働者は、家族を構成し、収益分配の対象となる。農業従事者の転居はいかなるものであっても農地の荒廃につながる。

植民地にとって有害で公共秩序に反する悪を抑え込むために、総督は、現状必要とされており、また、共和暦第九年葡萄月二十日に定められた警察規則、及びその後の雨月十九日の総司令官（général en chef）トゥサン・ルーベルチュールの宣言の基本原理に適合した、警察にかかる規定を定める。

ジャマイカ、バルバドス、キューバ、フランス領アンティール諸島及びレユニオン島などあらゆる地域で、輸出農産物の生産を基盤とする農業体制が維持され、「強制された賃金労働者」が有無を言わさず導入されている。このような農業体制が維持されることで、自由かつ平等であると宣言されたにもかかわらず、元奴隷に、性別を問わず、二つの異なった法的地位が生み出されることとなった。元奴隷による賃金労働拒否が広まることが懸念されていたことから、高らかに宣言された原則からの逸脱が正当化されることになった。他方、新たに自由身分になった人々は、自分たちが奴隷であったプランテーションで賃金労働者として引き続き働くことを望んでおらず、農業労働者になることではなく、自給自足の家族経営の農民になるためのわずかな土地を望んでいた。

マルティニークの事例は、このような元奴隷の望みを理解するのにうってつけである。一八四八年五月の奴隷制廃止宣言の後、植民地に居住する元奴隷たちは、奴隷所有者から奴隷に付与されていた小さな土地区画(「黒人菜園」)は取り上げられ、再びプランテーションに統合されるのであろうかとの大きな不安を抱いていた。そしてこのような不安がしばしばすぐに現実のものとなったことから、元奴隷の人々が家族単位で、たいていは女性が主導する形で、この小さな土地、さらには隣接する丘陵地を占有する動きが相次いで発生した。歴史家のジルベール・パゴ(Gilbert Pago)は、このある種の自発的な農民の反抗の広がりと、この反抗が奴隷制から解放されたばかりの人々に与えた影響を論じている。それによれば、時には暴力的な取り締まりが行われ、また「浮浪罪（délit de vagabondage）」が制定されたものの、この小さな土地区画の大部分は元奴隷のものであり続けた[1]。地理学者のクリスティーヌ・シヴァヨン（Christine Chivallon）は、長期的な視点から次のように指摘している。マルティニークでは、民衆が、ポスト奴隷制期に小農活動が消滅してしまうことに抵抗したため、一九六〇年代から一九七〇年代までこの小規模農地が維持されたが、この一九六〇年代から一九七〇年代にかけての時期に農村住民が都市部や本国に大量流出したために、この小農活動は終焉を迎えている[2]。

しかしながら、植民地型のプランテーション・システムと関係のない自立した労働に従事する人々も数多かったものの、奴隷制が導入されていた地域の多くでは、植民地型のプランテーション体制が引き続き支配的であった。

II　契約労働者

新たに自由人となった人々の多くが賃金労働者として働くことを拒み、また賃金労働を強制する法律はほとんど効果がなかったため、すぐに労働力不足が問題となった。このため、プランターは、政治の支援を受け、農業を継続し、農産物の加工、とりわけ砂糖加工機能を維持するために、時を置かずして「契約労働者」の募集活動を開始し、その結果、契約労働が奴隷制に取って代わることになった。インド人契約労働者を乗せた最初の船がマルティニークのサン・ピエールに到着したのは、奴隷制が廃止された五年後の一八五三年五月のことである。当初、契約労働者の募集活動はアフリカ大陸で展開されていた。ナポレオン三世政府は、マルセイユの貿易会社であるレジ（Régis）社と契約し、アンティール諸島で働かせるために二万人のアフリカ人契約労働者を募集するよう委託した。[3] しかし、これは新たな奴隷貿易ではないかと非難する運動が発生したため、求人活動はアジアで展開されることになる。中国人や日本人もわずかに雇用されていたが、一八三三年に奴隷制が廃止された英領植民地において英国がすでに大がかりに行っていたように、インド人契約労働者を雇用するのが、最も適切な解決方法であることが分かってきた。一八六一年七月、ナポレオン三世とヴィクトリア女王がとある条約に署名をした。この条約は、フランス領植民地であるアンティール諸島及びレユニオン島で働かせるために、英国当局の監督の下、インド人を募集することを目的としていた。

移民が英国臣民ではないこと、また、移民が英国臣民である場合、彼が自由意志に基づき契約を結び、自分が交わした契約内容を熟知していることを英国の係官が確認できない場合は、いかなる移民も乗船することはできない。

この契約労働によって、合計三百万人の労働者が、かつて奴隷に割り当てられていた労働に従事することになった。フランスに関して言えば、一八九二年にこのような契約労働者を乗せた最後の輸送船団がグアドループに到着している。英国では、この契約労働者制度は一九一七年になってようやく終了した。この契約労働者という現象の広がりは、逆に言えば、奴隷労働力がいかに植民地の豊かさの原動力になっていたのか、そして、新自由人は、それが可能となった時点で、どれほどまでにこのような労働形式を拒否したのか、という点を浮き彫りにしている。

III　ハイチ――カリブ地域唯一の農民社会

ハイチ社会の事例は、唯一、根本的に異なるものとなっている。サン・ドマングという極めて重要なフランス領植民地を引き継いだハイチ社会では、奴隷制を廃止し、島の独立を達成することになる革命直前には五〇万人強の奴隷がいた。奴隷制が廃止された際、そして独立後も長い間、新たな権力者たちは、輸出を目的としたプランテーションを維持すること、つまり、まずは元植民者に返還され、次いで一八〇四年以降ハイチ人の新エリート層が所有することになったプランテーションにおいて、元奴隷を働かせる体制を維持することを想定していた。トゥサン・ルーベルチュールは、自らが制定した憲法の第十七条において「耕地を回復し、また、耕地を増やすために農業労働者を導入することが必要不可欠である」と定めている。トゥサン・ルーベルチュールは、奴隷貿易の新たな形式である契約労働を先取りしていたのであろうか。

しかし、これらの計画は、独立以前からすでに始まっていた社会・経済的変化のために、頓挫することとなる。三十年程の間に、ハイチではほとんどの大規模農場が姿を消した。人々は平原部にあったプランテーションを立ち去り、丘陵地の空き地に移り住み、その後、相続人がいなくなった旧植民地の土地の大部分を占有した。このようにして、十八世紀には「アンティールの真珠」に繁栄をもたらしていたプランテーションの廃墟の上に、新たに小農社会が誕生することになった。

ヴィクトル・シュルシェールは、一八四三年の時点ですでに、旅行で訪れたハイチの様子をありありと記述している

平原地域を訪れる途上で、クロワ・デ・ブーケ（Croix-des-Bouquets）を通った。この歴史ある小さな町は、かつてはとても栄えていたが、今では、乾燥しており、白々としたひっそりとした場所となっており、掘っ立て小屋がかなりの間隔をおいて点々と立っていた。かつては豪奢であった製糖工場の残骸が今でもいたるところにあるが、ひっそりとしており、プランターが情け容赦なく雨

や日光でさらされた戸外で人や動物を働かせていた製糖工場は土台部分をかろうじて確認できる状態だった。ハイチの田園は崩壊してしまった。かつてはそこで奴隷が何千トンもの砂糖を製造していたが、今では、わずかばかりの食糧とタフィア*を作るためのシロップを製造しているだけである。多年生植物であるバイヤオン(bayaon)**の生育する林が、人の手が入らなくなったサトウキビ畑、牧場、牧草地をそのとげで覆いつくしていた。バイヤオン**の林は、住民をあざ笑うかのように、町中にも侵食し、その残骸の中でさらに範囲を広げようとしている(4)。

* タフィア(tafia)。サトウキビから作る蒸留酒。

** 本原書では「bayaon」と表記されているが、出典元の *Colonies étrangères et Haïti: Résultats de l'émancipation anglaise* では「bayaonde」と表記されている(https://gallica.bnf.fr/ark:/12148/bpt6k4152082/f263.r=bayaonde)。「bayaonde」の学名は「*Prosopis juliflora*」(20191015IAS_EU_fr.docx (environnement.brussels))でメスキートの一種でマメ科の低木。

ハイチには農民社会が生まれた。そして今日でもカリブ海地域において唯一の農民社会となっている。左図の数字は、ハイチ革命数年後の細分化された農地面積である。

つまり、一八二〇年以降、ハイチ農家の農地の九五パーセントが六ヘクタール以下で、そのうちの五六パーセントの農家が自給用として二・五ヘクタール以下の農地を所有しているだけであった。このように植民地型の大規模農地が崩壊したため、時を置かずして、輸出、とりわけ砂糖の輸出が減少

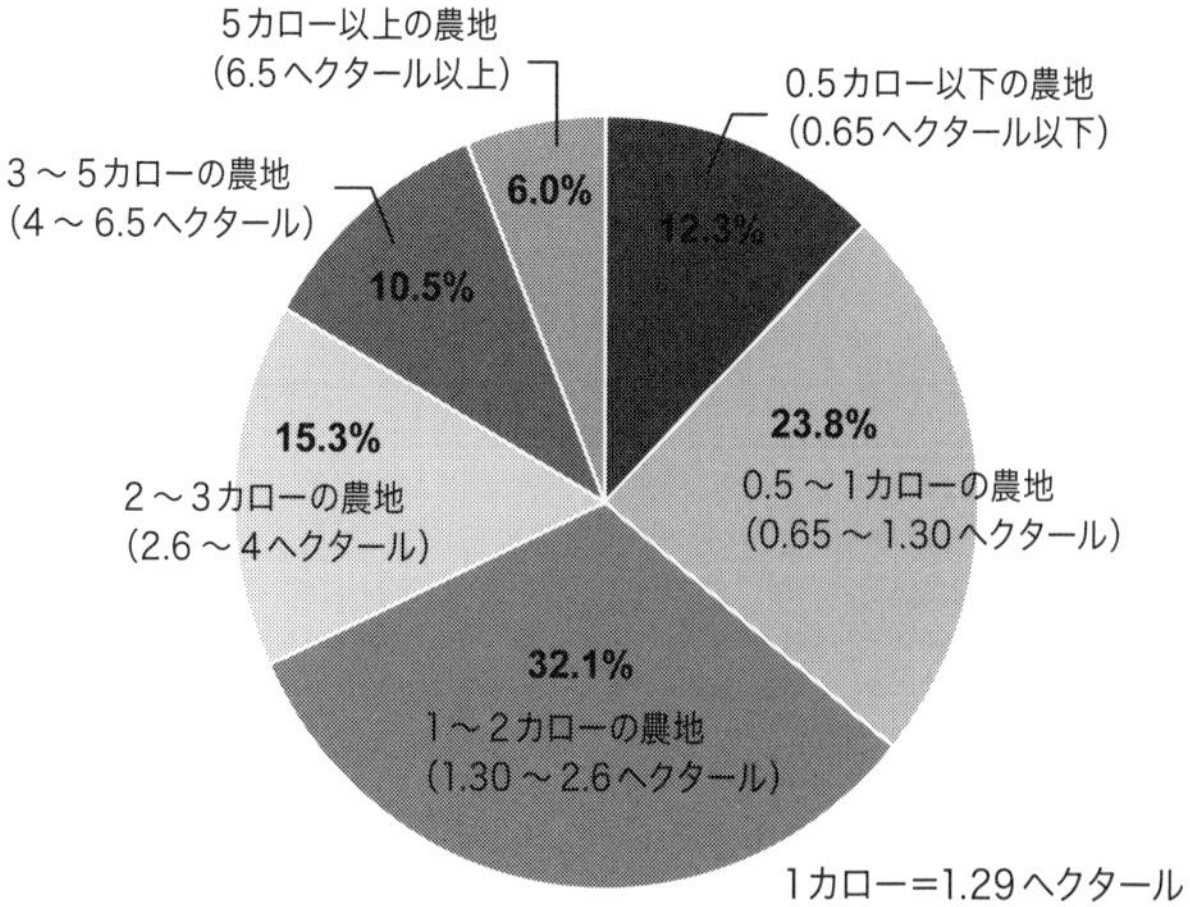

1820年頃の農地の面積分布

年	コーヒー	粗糖	精糖
1790	76.8	93.2	47.5
1795	2.2	1.2	0
1801	43.4	18.5	0.02
1802	35.1	2.5	0

ハイチの輸出（単位：100万リーヴル）

している。砂糖は奴隷制を象徴する生産物だったため、新たに自由人となった人々に嫌悪されたのだ。

ハイチ以外の植民地においては、奴隷制廃止によって、元奴隷たちが白人社会に即座かつ完全に同化するに至る道筋がつけられたのであろうか。前述したように、奴隷解放後、すぐに重要な制限が課せられている。プランテーションにおける労働力を維持するために、居住地と労働に関する義務が課せられた。これらの義務は、「古くからの自由人」に対しては適用されることはなく、新たに自由になった元奴隷に対してのみ適用された[5]。つまり、二つの市民カテゴリーが設けられ、そのうちの片方のカテゴリーのみに特別な制約が課せられたということである。さらに、「肌の色に対する偏見」が永続化し、さらには強化されることにもなった。この「肌の色に対する偏見」は、米国では人種主義を意味するために長きにわたって使われていた「カラーライン」という語で表現されていた[6]。肌の色によって人間を階層化するこの考え方は、フランスのモロー・ド・サン゠メリー（Moreau de Saint-Méry）のような著述家によって理論化され、奴隷制終焉後も長きにわたって存続し、表向きには等しい権利を有しているとされる市民の間に社会的分裂が生じることとなった。米国の黒人による公民権獲得のための長きにわたる闘争の事例は、文学、映画及び暴力的なさまざまな事件に関する記事を通じて、今日でもこの社会的分裂を思い起こさせる。法的に奴隷制が廃止された後になっても、奴隷制の遺産は長きにわたって存続していた。

Ⅳ　新たな植民地化──奴隷制廃止論者の幻想と新たなるヨーロッパの拡張

奴隷制廃止論者は、奴隷制や奴隷貿易とは闘ったが、武力を用いて人が居住している土地を支配下におくことは不当であると主張したディドロのような一部の知識人を除き、植民地という原理そのものに反対することはなかった。奴隷制廃止運動は、ディドロらの主張とは反対に、「新たな植民地」という壮大な計画を提案していた。この「新たな植民地」は、十六世紀に発見された古い植民地とは根本的に異なる原理に基づいている。この点についてはここでは深く掘り下げることはしないが、奴隷制を糾弾していたフランスの指導者のうちの二人の事例からこの新たな植民地化計画がどのようなものであったのかがわかる。黒人友の会の会長であったエチエンヌ・クラヴィエールは、一七九一年七月*に以下のように書いている。

＊パリ市の記録によれば、一七九一年三月（https://parcoursrevolution.paris.fr/fr/points-interet/106-la-revolution-contre-l-esclavage-la-societe-des-amis-des-noirs）。

アフリカ人は、ヨーロッパ人がそれを使ってアフリカにおいて殺戮や荒廃を増大させる商品を購入するための支払いを奴隷でしか行わないのであろうか。我々が、私たちの獰猛な欲望の犠牲になった数多くの罪のない犠牲者をアフリカ人の血塗られた手から受け取るのではなく、我々の工業の発展に寄与するアフリカの富や数多くのアフリカの産品を注文するようになれば、アフリカ人は、我々が売りつける服を身につけるのをやめたり、取るに足らないガラクタを使うのをやめたりするのであろうか。そんなことはない。アフリカ人は人間である。もし、我々が彼らの精神に有害な怒りを絶えず吹き込むのではなく、アフリカ人に、平和的な投機や事業からしか生じ得ない害のない交換のみを生じさせるのであれば、アフリカ人も自分たちの文明が必要とする数多くの品々を見いだすことになるであろう。（…）アフリカには、ゴムや竜涎香、はちみつ、象牙、毛皮、銀、金、貴重な木材、極めて高価な薬品、あらゆる種類の胡椒や香辛料の他にも、タバコ、米、インディゴ、綿花が豊富にあり、しかも我々が知っているどの市場よりも安価で売られている。さらに、アフリカにはサトウキビもある。このサトウキビこそが我々に恩恵をもたらしてくれる商品ではあるが、それは数多くの犯罪行為に支えられており、そのためその価格は高騰した。(7)

一七九六年、* タレイランは、アメリカ島嶼部の奴隷制植民地の抗しがたい崩壊に前もって対処するために取るべき道を明確に示していた。

* フランス国立図書館等によれば、タレイランがこのような主張を読み上げたのは共和暦五年（一七九七年）(https://gallica.bnf.fr/ark:/12148/bpt6k62587z/f1.item) (https://catalogue.nla.gov.au/catalog/774772)

(20180713204745.pdf (amis-talleyrand.org))。なお、原注では、「一七九七年」と記載されている。他方、上記リンクによれば、本読み上げ原稿の正式タイトルは、原注表記とは異なり、「*Essai sur les avantages à retirer de colonies nouvelles dans les circonstances présentes, lu à la séance publique de l'Institut national le 15 messidor an* V (*3 juillet 1797*)」となっている。

口をつぐむべきではない真実というものが存在する。賢明なるヨーロッパ人が、自らの賢明さのために恵まれない状態に陥った奴隷たちに与える処方箋がいかなるものであろうとも、極めて軽々に扱われている黒人の自由に関する問題のために、植民地の食料生産体制は、遅かれ早かれ、一新されることになろう。政治はこの新たな変化が起きる前に行動しなければならない。最初に思いつくアイデアは、肯定的な推測を多くもたらすものであるが、農耕者が生まれた土地で食料を生産してみることである(…)。

ここまで述べてきたことから、あらゆることが我々を新しい植民地に駆り立てていることが分かる。奴隷のいない新しい植民地を創設することで平穏さを手に入れた極めて賢明なる人々の事例、現在の植民地の体制を変更する必要性、植民地で生産している我々の食料生産は我々の食料生産を行うべき真の農家に任せる方が好都合であること、植民地とより自然で協調的な関係を形成する必要性など、あらゆることが我々を新たな植民地に駆り立てている。(8)

十八世紀末から一八三〇年代にかけて、その他の多くの奴隷制廃止論者もこの問題について議論している。新たな形式の植民地こそが、アフリカとアメリカ地域を荒廃させた非人間的な奴隷貿易と奴隷制という二つの実践の代替となる解決策である。シジスモン・ド・シスモンディ、カール・ベルンハルト・ヴァドストレーム（Carl Bernhard Wadström）、グレゴワール神父、そして彼らより少し遅れてシャルル・フーリエ（Charles Fourier）とサン・シモン派の人々、あるいはウィリアム・ウィルバーフォースなどの名前がこの新たな植民地という構想を展開する人々として知られている(9)。

大規模な奴隷制廃止運動によって、主にアフリカ沿岸部に、また、当時「トルコ領中東」と呼ばれていた地域にヨーロッパの「拠点」を築くという計画が展開された。奴隷制廃止運動は奴隷制に対する戦いと植民地の放棄を一緒くたにすることは決してなかった。しかし、この新しい植民地は征服によってではなく、現地政府との協力協定を結ぶことで創設されることとなる。ヨーロッパ拠点の創設は、略奪ではなく、「文明化させる」という目的を持つことになった。一七八七年に英国の奴隷制廃止論者がシエラレオネに拠点を築いたが、これも上記の文明化という論理に基づき行われたものである。一八二二年の米国の奴隷制廃止論者によるリベリアの建設も同様である。

反奴隷制と反植民地を同一視するというのは単純化しすぎであり、時代錯誤的でさえあろう。平和的な植民地化という新たな方針のためには、奴隷制とそのおぞましい付帯物である黒人奴隷貿易を消滅させる必要があった。アフリカからこれ以上人を減らし続けることはもはや不可能であった。アフリカには「西洋の啓蒙」がもたらされなければならなかった。

結論

十六世紀初頭以降にヨーロッパの征服者が新世界に持ち込んだ奴隷制を終わらせるためには、一世紀近くの時が必要であった。この労働形態はヨーロッパ各国のあらゆる植民地に徐々に広まっていった。奴隷制は、まずは熱帯地域の植民地に持ち込まれた。熱帯地域の植民地は、後に大量消費されることとなる富の生産地であった。また、この労働形態は熱帯地域以外の植民地にも広まり、ヌーベルフランス、北米、英領カナダにも奴隷がいた。

この労働形態は一般的なものとなり、ヨーロッパにおいては、長きにわたって、暗黙裡に受け入れられていた。奴隷反乱は鎮圧され、この体制は永遠に維持されるかのようであった。

本書では、ここまで、大西洋横断の段階から奴隷たちがどれだけ抵抗し、国外に連行されることや隷属的な状態に置かれることを拒んできたのかを明らかにしようとしてきた。奴隷制が導入されていた世界では、武装蜂起を頂点として、さまざまな形の抵抗が常に発生していた。

植民地社会自体も、人間の自由と平等を称える理想を普及させることになった新たな思潮を経験した。経済観念は徐々に修正され、自由や分業といった、隷属的な労働とはほとんど相容れるところのない方向を向くようになった。

このため、奴隷制の被害者及び「奴隷制廃止論者」となった人々の両者が奴隷制という体制に疑義を呈することとなった。

しかし、本書で示したとおり、植民地において奴隷制が廃止されるまでには、最初の奴隷制廃止である一七九三年から最後の奴隷制廃止である一八八八年まで、一世紀近くかかっている。この一世紀の間には、あらゆる植民地社会とその本国において、奴隷蜂起、内戦、イデオロギー的・政治的な激しい対立が立て続けに発生していた。本書では、これらの対立とその対立がもたらした結果を可能な限り再現することを試みてきた。

最後に、植民地において奴隷制が廃止されたことで、新しい社会が生まれることとなった。この新しい社会は、ポスト奴隷制時代の発展というこれまでにない道を模索することとなる。しかし、この新しい社会では、幾世紀にも亘って存在していた基盤となる構図、つまりヨーロッパにとり重要ないわゆる「植民地の食糧」の生産と輸出を維持するため、自由と平等の原理に「手心が加えられる」こととなった。

年表

一六八八年　ペンシルバニア州のクウェイカー教徒が信徒に奴隷の購入を禁止する。
一七七七年　（米国）バーモント州憲法に奴隷制廃止が記載される。
一七八〇年　（米国）ペンシルバニア州において奴隷制が廃止される。
一七八三年　（米国）マサチューセッツ州において奴隷制が廃止される。
一七八四年　（米国）ロードアイランド州及びコネチカット州において奴隷制が廃止される。
一七八七年　ロンドンで黒人奴隷貿易廃止のための委員会が設立される。英国の奴隷制廃止論者によってシエラレオネ拠点が設立される。
一七八八年　パリにおいて黒人友の会が設立される。
一七九二年　デンマークが黒人奴隷貿易を廃止。適用までに十年の猶予。
一七九三年　一七九一年八月に発生した奴隷蜂起を受けて、サン・ドマングにおいて奴隷制が廃止される。

一七九四年　二月四日（共和暦二年雨月十六日）付国民公会令により、あらゆるフランス領植民地において奴隷制が廃止される。
一八〇二年　フランス領植民地における奴隷制の復活。グアドループにおいては、リシュパンスが主導した戦争により、奴隷制が強制的に復活させられた。
一八〇四年　デンマークが黒人奴隷貿易を完全に禁止する。
一八〇四年　ハイチの独立が宣言される、「最初の黒人共和国」。
一八〇七年　英国が黒人奴隷貿易を禁止する。
一八〇八年　米国が黒人奴隷貿易を禁止する。
一八一四年　オランダが黒人奴隷貿易を禁止する。
一八一五年　エルバ島から復帰したナポレオンが奴隷貿易を禁止する。
一八一五年　ウィーン会議に参集したヨーロッパの列強が、黒人奴隷貿易の禁止に合意する。
一八一六年　米国において、解放奴隷のアフリカへの帰還を組織することを目的とした、アメリカ植民協会が設立される。
一八二一年　パリにおいてキリスト教道徳協会が設立される。一八二二年には奴隷貿易廃止に実効性を持たせるために、同協会内に委員会が設立される。
一八二二年　アメリカ植民協会が、解放奴隷を受け入れるためにリベリアを建設する。

一八二二年　サント・ドミンゴ（ハイチによって併合されたスペイン領植民地）において奴隷制が廃止される。
一八二三年　チリにおいて奴隷制が廃止される。
一八二五年　フランスがハイチを承認する。
一八二六年　ボリビアにおいて奴隷制が廃止される。
一八二九年　メキシコにおいて奴隷制が廃止される。
一八三一年　フランスが黒人奴隷貿易を禁止する最後の法律を制定する。非合法貿易に対する臨検権を承認する仏英協約が締結される。
一八三三―三八年　英領植民地において奴隷制が廃止される。
一八三四年　パリにおいて奴隷制廃止のためのフランス協会が設立される。
一八三九年　ロンドンにおいて英国と外国の反奴隷制協会が設立される。
一八四〇年　ロンドンにおいて第一回世界奴隷制反対会議が開催される。第二回は一八四三年に開催される。
一八四四年　パリの労働者が奴隷制廃止を求める請願書を提出する。
一八四五年　奴隷貿易を取り締まるための共同巡航を設置する仏英協約が締結される。
一八四六年　チュニジアにおいて奴隷制が廃止される。

一八四七年　スウェーデン領植民地サン・バルテルミー島において奴隷制が廃止される。
一八四八年　フランス領植民地及びデンマーク領植民地において奴隷制が廃止される。
一八五一年　コロンビアにおいて奴隷制が廃止される。
一八五二年　フランス領植民地向け契約労働者雇用のための最初の契約が結ばれる。
一八五三年　アルゼンチンにおいて奴隷制が廃止される。
一八五四年　ベネズエラにおいて奴隷制が廃止される。
一八五五年　ペルーにおいて奴隷制が廃止される。
一八六三年　オランダ領植民地において奴隷制が廃止される。
一八六三―六五年　米国において奴隷制が廃止される。
一八六六年　スペインにおいて黒人奴隷貿易禁止令が発出される。
一八七三年　プエルトリコにおいて奴隷制が廃止される。
一八七六年　トルコにおいて奴隷制が廃止される。
一八八〇―八六年　キューバにおいて奴隷制が漸次廃止される。
一八八八年　ブラジルにおいて奴隷制が廃止される。
一八九六年　マダガスカルにおいて奴隷制が廃止される。
一八九七年　ザンジバルにおいて奴隷制が廃止される。

一九一〇年　中国において奴隷制が廃止される。
一九二〇年　ソマリアにおいて奴隷制が廃止される。
一九二三年　エチオピア及びアフガニスタンにおいて奴隷制が廃止される。
一九二四年　スーダン及びイラクにおいて奴隷制が廃止される。
一九二六年　ネパールにおいて奴隷制が廃止される。
一九二六年　国際連盟において奴隷条約が採択される。
一九二八年　イランにおいて奴隷制が廃止される。
一九三六年　ナイジェリアにおいて奴隷制が廃止される。
一九五二年　カタールにおいて奴隷制が廃止される。
一九五六年　国際連合において奴隷制度、奴隷取引並びに奴隷制度に類似する制度及び慣行の廃止に関する補足条約（奴隷制度廃止補足条約）が採択される。
一九六二年　イエメン及びサウジアラビアにおいて奴隷制が廃止される。
一九六三年　アラブ首長国連邦において奴隷制が廃止される。
一九七〇年　オマーンにおいて奴隷制が廃止される。
一九八〇年　モーリタニアにおいて奴隷制が廃止される（一九〇五年及び一九六一年の廃止の後）。

一九九二年　パキスタンにおいて奴隷制が廃止される。

二〇〇一年　フランスにおいて奴隷貿易を人道に対する罪として認める法律が可決される。南アフリカ・ダーバン会議において奴隷制及び黒人奴隷貿易が人道に対する罪として認められる。

訳者あとがき

本書は、Marcel Dorigny, *Les Abolitions de l'Esclavage (1793-1888)* (Coll. « Que sais-je ? » n° 4098, P.U.F., 2018) の全訳である。本書は、仏領サン・ドマングで奴隷制が廃止された一七九三年からブラジルが奴隷制を廃止した一八八八年までの期間を「奴隷制廃止の世紀（Le siècle des abolitions）」と設定する時代区分に基づき、同時期の奴隷制及び奴隷貿易廃止に向けた動きを主な記述の対象としている。このため、原書タイトルを直訳すれば『奴隷制の廃止（１７９３―１８８８）』となるが、本邦訳書タイトルは、この「１７９３―１８８８」という年号がどのような意味を有しているのかを明確にするとの観点から、『奴隷制廃止の世紀（１７９３―１８８８）』と訳出している。

著者マルセル・ドリニー（一九四八―二〇二一）は、フランス革命、とりわけ、十八世紀フランスにおける奴隷制及び奴隷制廃止を専門とする歴史家であり、同分野における先駆者的な研究者の一人とされている。パリ第八大学名誉教授。『フランス十八世紀（*Dix-huitième Siècle*）』誌編集長、欧州植民地（一七五〇—一八五〇年）研究学会会長などを歴任。二〇二〇年にはレジオンドヌール騎士勲章を授与されている。ソルボンヌ大学歴史学部卒業後、中等教育機関の教員を経て、パリ第八大学の講師となり、一九九二年には、フランス国立科学研究センター（ＣＮＲＳ）において、博士論文『フランス革命におけるジロンド派と自由主義（*Les Girondins et le libéralisme dans la Révolution française*）』を提出している。

フランス革命史研究においては、一九八九年（フランス革命二〇〇周年）前後から、啓蒙思想及びフランス革命と奴隷制・植民地との連関が重要なテーマとなってきたとのことで、このような流れの中、ドリニーは、アメリカ地域の仏領植民地における奴隷制の歴史に関心を抱くようになる。以降、図像や文学が反奴隷制運動の中で果たした役割を論じる『反奴隷制芸術及び文学（*Arts & Lettres contre l'esclavage*）』（二〇一八）やハイチの賠償金支払い問題をテーマとする論文集（『ハイチ・フランス、債務の鎖——マコー報告（一八二五）（*Haïti-France Les chaînes de la dette : Le rapport Mackau (1825)*）』（二〇二一）など、フランスあるいはヨーロッパと奴隷制の関係を主題とした研究を行うとともに、本書もそのひとつに位置付けられるのかと思うが、『奴隷制図鑑——古代から現代まで（*Atlas des esclavages : De l'Antiquité à nos jours*）』（二〇一三）など奴隷制に関する一般向けの文献も著しており、本分野に関する知識の普及に関心を有していたことが伺われる。

本書は、奴隷貿易及び奴隷制自体をテーマとする文献・研究が数多いのに対し、これらの実践がどのようなプロセスを経て廃止されることとなったのかを主題とする文献は数が少ないとの問題意識に基づき、奴隷貿易及び奴隷制が廃止されるに至るまでのさまざまな考え方・出来事を綜合的に取り纏めた概説・入門書である。

「奴隷制の廃止」というテーマは、近年、日本においても関心の高い研究テーマのようで、同テーマにページを割いている一般書も数多い(本「あとがき」末参考文献参照)。他方、これらの研究では、奴隷貿易及び奴隷制廃止運動を主導した英国における動きが中心に据えられることが多いのに対し、本書では、英国における運動には留意しつつも、フランス及び仏領植民地における動向を記述の軸としている点が特徴となっている。

加えて、原書タイトルにおいて「廃止」という語が複数形(Abolitions)となっていることからもわかるように、本書は、「奴隷制の廃止」を単線的・一枚岩的なプロセスとしてではなく、さまざまなアクター、多様な考え方の交渉プロセスとして把握する立場から記述している。また、本書では、奴隷貿易・奴隷制廃止に向けた動きが国際的な性格を有していたという事実を強調しており、奴隷貿易・奴隷制の廃止を「ある特定の一国内での動き」の位相にとどまるのではなく、「国際的な規模でさまざまな思潮や出来事が時には矛盾しながら絡み合う中で展開された動き」という角度から取り纏めている。このような観点から記述されているため、本書を通じ、奴隷貿易及び奴隷制の廃止は、「人権思想の普及」、「非効率的な経済から効率的な経済への転換」などの理念あるいは経済効率性の問題のみに還元されうるものではなく、各国間の政治的思惑や覇権争いとも密接に関連した極めて「政治的な」動きであったことを理解することができる。これらの点も本書の特徴と言えよう。

また、本書は、個別事例を時間的順序に従って記述するといういわゆる「モノグラフ」的な叙述方式ではなく、奴隷制廃止運動に関するさまざまな考え方や出来事を著者なりに概念化した上で記述するという叙述方式が採用されている。このため、奴隷制廃止に向けた動きにおいて、いかなる考え方が存在し、各々の考え方がどのように対立・補完していたのかを概念的に把握しやすい構成となっており、本分野の初学者に対し全体的な見取り図を提示しうる好著となっている。

他方、当然と言えば当然であるが、本書では、類書で指摘されている論点すべてが言及されているわけではない。例えば、本書では、奴隷貿易・奴隷制廃止運動において女性が果たした役割（例えば布留川二〇一九や鈴木二〇二〇では、特に一八二〇年代以降の英国の奴隷制廃止運動において女性が重要な役割を果たしていた点が指摘されている）など、奴隷貿易・奴隷制廃止運動がジェンダー的視点から整理されることはない。また、本書が概念化するさまざまな反奴隷制の言説の発信者自体は、特段概念化されることなく個々人のレベルに措定されており、各言説と特定の社会階層の間の結びつきの有無が検討されることはない（例えば田村二〇一三は、「英国における奴隷解放運動は名誉革命体制の改革を望む中小規模の商工業・金融サービスに従事する中間階層によって担われた」といった形で、奴隷解放運動の担い手を個々人のレベルではなく特定の社会階層とリンクさせる形で論じている）。本書は原書で一二八ページとコンパクトなものであるため、あらゆる論点を網羅的に盛り込むことは不可能であり、また「奴隷制廃止」という考え方自体が多分にヨーロッパ的な現象であったことに鑑みれば、本書の記述においてヨーロッパ社会の動向が中心となることは致し方ないのかもしれない。以上を理解しつつも、訳者の個人的な関心にすぎないが、本書が対象とする奴隷制が、主に植民地宗主国・植民地・アフリカの三点を結ぶ形で発展してきたこと、また、大西洋奴隷貿易がアフリカ社会に対して与えた影響に関する先行研究が少なくないことを思えば、奴隷制・奴隷貿易が一進一退を繰り返しながら廃止に向かって進んでいく際の、奴隷の供給源であったアフリカ社会の動向に言及があってもよかったのかもしれないとの気もする（例えば鈴木二〇二〇によれば、フランスは一八四八年の奴隷制廃止にもかかわらず、仏領西アフリカ拡大プロセスの時期、一九〇五年まで現地の奴隷制を温存していた。また、中村一九九五は、ヨーロッパ諸国の奴隷制・奴隷貿易廃止に伴い、ヨーロッパ・アフリカ間で交易される品目は奴隷から落花生、油椰子、蜜蠟などの「合法的」な商品に変更されるが、アフリカ内陸部で引き続き獲得されていた奴隷はこうした品目の生産のために沿岸部社会で使役されるようになったと述べている）。以上はやや「ないものねだり」のコメントではあるが、いずれにせよ、本書をベースとして、本書が言及していない点を確認することによっても、奴隷制廃止にかかる知見を深めることが可能になるのかもしれない。

さて、訳者は、本書の翻訳作業の一部をカリブ地域（ハイチ及びドミニカ共和国）で行った。そもそも、同地域に滞在することになったため、同地域に関する知見を深めることを目的として本書を手にした経緯がある。そこで、最後に、現在、同地域において、奴隷制がどのように語られているのかその一端を見ておきたい。結論を先取りすれば、本書が論じるとおり、本書の記述対象である、モンテスキュー風に言えば「アメリカ地域の人口を増やすためにアフリカの人口を減らら」していた（本書三九ページ）奴隷制は、一八八八年のブラジルによる奴隷制廃止をもって終了している。しかし、これは、制度あるいは実践としての奴隷制の終了を意味しているだけなのかもしれない。

一九九〇年代に歴史問題の認識に関し新たなパラダイムが提唱されるようになると、奴隷制の問題は、例えばフランスおける奴隷制・奴隷貿易を「人道に対する罪」とし、奴隷制・奴隷貿易に纏わる歴史教育を行うことを規定した通称「トビラ法」の制定（二〇〇一年五月）や南アフリカのダーバンにおける「人種主義、人種差別、外国人排斥及び関連する不寛容に反対する世界会議」の開催（二〇〇一年八月）など、グローバルかつ現在的な問題として取り上げられるようになってきた。このような動きの中、ハイチでは、二〇〇三年四月にアリスティッド大統領が、ハイチがフランスに外交的承認と引き換えに支払った賠償金（本書第六章参照）の返還を要求している。また、二〇一四年にはカリブ地域に位置する十四か国及び一地域によって構成される地域共同体であるカリブ共同体が、旧宗主国に対し、奴隷制及び植民地支配に対する謝罪・賠償を求める決議を採択した。このような主張は、例えば、二〇二二年五月二十四日付ニューヨーク・タイムズ紙がハイチの賠償金返還要求に関する特集記事を掲載し（同記事は「ハイチの発展は賠償金支払いによって損なわれた」とのハイチ側の主張に寄り添った書きぶりとなっている）、また、二〇二〇年七月二日付BBCワールドサービスがカリブ共同体加盟国であるジャマイカの事例を紹介しつつ旧植民地に対する賠償金問題の動向に関する記事を掲載するなど、最近でも折に触れて取り上げられている。

このような主張については、「カリブ地域における奴隷制に基づく経済が英国の産業革命の原因となった、あるいはその成立に寄与した」とするいわゆる「ウィリアムズ・テーゼ」の歴史観を下敷きとしつつ、「経済発展の阻害を始めとするカリブ地域（あるいはハイチ）が現在抱える問題は、奴隷制（あるいはフランスへの賠償金支払い）を原因としている」という形で、奴隷制（及びフランスの賠償金支払い）を現在の問題と関連付けて捉える考え方が前提になっているとの見方もある。また、このような主張に対し、前述のダーバン会議において国連事務総長が「過去の犯罪と現在の繋がりを追うのは必ずしも建設的な方法ではない」と述べたように、奴隷制を現在の問題と関連付けることで現代の国際的な政治問題とすることに対する疑義を呈する見方も存在する。さらに、「賠償とは、それが行われた当時非合法であったものにのみ支払われるものであり、当時奴隷制は国際的には非合法ではなかったため、賠償請求には法的正当性がない」とする法律論的な見解も存在しているようである。さらに、このような見解の対立は「旧宗主国」と「旧植民地国」間の対立として二項対立的に捉えることも適当ではない。例えば、前述のアリスティッドの賠償金返還要求に関しては、「旧宗主国」であるフランス人の中にも賛同する人々もいるようであるし、また、「旧植民地国」であるハイチの中にも否定的な見解を有している人々もいる。例えば、前述のニューヨーク・タイムズの記事によれば、アリスティッド大統領による返還キャンペーンは、ハイチ知識人一三〇人からなるグループから、アリスティッド政権の「全体主義的な傾向、無能、腐敗」から注意をそらすための「絶望的な試み」だと評されていた。また、カリコム共同体決議に関しても、加盟国間の中である程度の温度差が存在するようだ（ダーバン会議及びカリブ共同体決議については森口二〇一七を参照している）。

加えて、このような「政治的」「法律論的」な動き・言説と並行して学術的と言われる言説空間においても、本書が記述対象としている奴隷制に関し、さまざまな見方が提示されている。例えば、本書と同じQue sais-je?文庫から、一九九七年に、ウィリアムズ・テーゼに疑義を呈し、奴隷貿易・奴隷制がアフリカに与えた影響を従来よりも低く見積もる研究（Olivier Grenouilleau, *La traite des Noirs*）が出版されている（同書は本書の出版と同じ年の二〇一八年に第三版が出ている）。同書は、「経済発展の阻害を始めとするカリブ地域（あるいはハイチ）が現在抱える問題は、奴隷制・植民地支配（あるいはフランスへの賠償金支払い）を原因としている」とする主張に直接反論しているわけではないが、「産業革命は奴隷制を基盤として成立した」とか「奴隷制はアフリカに対しネガティブな影響を与えた」とする主張に対し疑義を呈する内容となっている。なお、同書の著者、オリビエ・グルヌイヨは、二〇〇五年に著した『奴隷貿易——グローバル史の試み（*Les traites négrières : Essai d'histoire globale*）』の中でも同様の主張を行っているようで、同書の出版に際し、本書著者であるマルセル・ドリニーは、同書を厳しく批判する書評を書いている。

さらに、二〇二四年二月現在、旧植民地国においても、奴隷制に纏わる事象がすべて「忌まわしいもの」として想起されているわけではないようだ。例えば、本書でも取り上げられている「革命」によって奴隷制を廃止したハイチでは、現在、車のナンバープレートに、国名・国旗とともに、「アンティールの真珠（La Parle des Antilles）」との文言が表記されている。この語は、そもそもは、黒人奴隷制を基盤とするプランテーション経済によってもたらされる巨大な富を称賛するためにフランス本国において使われていた表現であり、その意味で奴隷制と共犯関係にある呼称である。しかし、ハイチの知人によれば、現在（ウラはとれていないが、同人によれば二十世紀初頭以降）、ハイチではこの呼称は、奴隷制を想起させるというよりは、「かつて最も豊かな仏領植民地であったハイチの輝かしい過去を思い起こさせ、いつかこの国が生まれ変わるという希望を抱かせる」ものとして肯定的に用いられているとのことである。この解釈がハイチにおいて広く共有されているのかどうかは不明なるも、このような解釈の中に、独立以前の奴隷制が導入されていた時代を「輝かしい過去」と想起／設定する複雑な眼差しを読み取るのは穿ちすぎであろうか。

いずれにせよ、以上のような二十一世紀現在の「奴隷制」あるいはそれに関連する言葉の語られ方を見ると、本書が論じるように、本書の記述対象である奴隷制は、十八世紀から十九世紀にかけて、哲学的、宗教的、経済的に批判されるようになり、さまざまな政治的思惑と結びつく形で制度・実践としては廃止されたが、現在では、そのインパクトの評価、現在の状況との関連、忌まわしい過去とみるか輝かしい過去と読み込むかなどに関し、学術的・法的・政治的言説がそれこそ輻輳する中で新たに議論されるようになっていることを確認できる。この意味において、「奴隷制」は制度・実践としては廃止されているものの、少なくともハイチを含むカリブ地域では、未だ社会の一端を構成する言説として機能し続けているのであろう。

上記はすべて訳者が所属する機関の見解や立場とは何ら関係のない個人的な読後感にすぎないが、いずれにせよ、訳者としては、本邦訳書を通じ、日本語読者の方々の奴隷制そのもの及び奴隷制をめぐって展開されたさまざまな考え方に対する知見が深まり、また関心を高めることに貢献できたのであれば、目的を達することができたと考える。

なお、本書の翻訳に際しては、まずは山田が全文を訳し、その後、山田・山木の両名がチェック・修正する形で完成稿を作成した。両名とも本書が扱う内容の専門家ではないため、さまざまな用語については、関連する日本語文献を確認の上、「定訳」とされているものを選択するよう努めたが、「定訳」とは異なる形で訳出している箇所もある。また、意味が取りづらかった箇所については、フランス人知人数名からご教示・コメントを頂いている。この場を借りて感謝したい。とは言え、訳文全体の責任は訳者両名にあり、また訳文に間違いがないと言い切ることはできず、読者諸氏の叱咤を覚悟している。最後になるが、白水社編集部の小川弓枝氏には、原稿チェック及び訳注作成など完成稿作成プロセスの中で多大なるご支援をいただいた。心よりの御礼を申し上げる。

二〇二四年二月

訳者

参考文献

池本幸三、布留川正博、下山晃
『近代世界と奴隷制――大西洋システムの中で』、人文書院、一九九五年
小林和夫
『奴隷貿易をこえて――西アフリカ・インド綿布・世界経済』、名古屋大学出版会、二〇二一年
鈴木英明
『解放しない人々、解放されない人々――奴隷廃止の世界史』、東京大学出版会、二〇二〇年
田戸カンナ
「フランスにおける黒人奴隷貿易・黒人奴隷制批判の歴史（上）」、『昭和女子大学紀要』九七一号、一八―二八頁、二〇二三年
「フランスにおける黒人奴隷貿易・黒人奴隷制批判の歴史（下）」、『昭和女子大学紀要』九七三号、一五―二八頁、二〇二三年
田村理
「イギリス奴隷解放論の歴史的形成――リヴァプールにおける「反」奴隷制解放運動（一七八八年―九三年）」、『西洋史学』二五一号、一―一八頁、二〇一三年
『イギリス奴隷貿易廃止運動の歴史的意義――リヴァプールのウィリアム・ロスコーを中心に』、北海道大学博士論文、二〇一五年

ドリニー、マルセル
「〔フランスの書評〕オリヴィエ・ペトレ゠グルヌイヨ『奴隷貿易――グローバル史の試み』」、三浦信孝訳、『論座』二〇〇八年四月号、朝日新聞社
中村雄祐
『西スーダンにおける内婚世襲の語り部・楽士の制度、ジェリヤの歴史的変遷』、東京大学大学院総合文化研究科博士学位論文、一九九五年
浜忠雄
『ハイチ革命とフランス革命』、北海道大学図書刊行会、一九九八年
「フランスにおける「黒人奴隷制廃止」の表象」、『北海道大学人文論集』六六号、一―四七頁、二〇一九年
『カリブからの問い――ハイチ革命と近代世界』、岩波書店、二〇〇三年
「ハイチ革命再考」、『年報新人文学』第七号、八―七八頁、二〇一〇年
『ハイチ革命の世界史――奴隷たちがきりひらいた近代』、岩波新書、二〇二三年
平野千果子
『人種主義の歴史』、岩波書店、二〇二二年
布留川正博
『奴隷船の世界史』、岩波新書、二〇一九年

本田創造
『アメリカ黒人の歴史』、岩波新書、二〇一八年
増田義郎
『略奪の海カリブ——もうひとつのラテン・アメリカ史』、岩波新書、一九八九年
森口舞
「カリブ諸国における奴隷制と植民地支配に対する賠償運動」、『大阪経済法科大学21世紀研究』(8)、二七—四三頁、二〇一七年
Grenouilleau, Olivier
La traite des Noirs, 3e édition（Coll. « Que sais-je ? » n° 914, P.U.F., 2018
BBC World Service
« Réparation de l'esclavage : Les descendants d'esclaves doivent-ils recevoir une compensation financière ? », Réparation de l'esclavage : les descendants d'esclaves doivent-ils recevoir une compensation financière ? - BBC News Afrique, 2 juillet 2020
Le Monde
« La mort de l'historien Marcel Dorigny, spécialiste de la Révolution française et de l'esclavage », La mort de l'historien Marcel Dorigny, spécialiste de la Révolution française et de l'esclavage (lemonde.fr), 6 octobre 2021
New York Times

« LA RANÇON Comment la France a riposté aux demandes de réparations d'Haïti », Comment la France a riposté aux demandes de réparations d'Haïti - The New York Times (nytimes.com), May 24, 2022

著者略歴

マルセル・ドリニー Marcel Dorigny（1948-2021）

18世紀フランスにおける奴隷制及び奴隷制廃止を専門とする歴史家．パリ第8大学名誉教授．『フランス18世紀（*Dix-huitième Siècle*）』誌編集長，欧州植民地（1750-1850年）研究学会会長などを歴任．2020年，レジオンドヌール騎士勲章を受章．著書に *Arts & Lettres contre l'esclavage*（Éditions Cercle d'Art, 2018），*Atlas des esclavages : De l'Antiquité à nos jours*（Autrement, 2013）などがある．

訳者略歴

山田芙美（やまだ　ふみ）

2016年，マダガスカル・カトリック大学法学政治学研究科博士課程中退（政治学専攻）．2024年現在，在ハイチ日本国大使館専門調査員．著書に *LA GESTION DES DÉCHETS MÉNAGERS D'ANTANANARIVO—La dichotomie entre la haute ville et les bas quartiers*（L'Harmattan, 2020）がある．

山木周重（やまき　ちかしげ）

2008年，東京外国語大学博士号（学術）取得．2024年現在，外務省職員．

原注

第一章

(1) アジェノール・ド・ガスパラン（A. de Gasparin）「下院議会演説，1845 年 4 月，海軍大臣マコー男爵発議の法案について」『フランスの奴隷制廃止論者（*L'Abolitioniste français*）』，1845 年 7 月第 7 号より抜粋．

(2) 第四章第Ⅲ節を見よ．

(3) 奴隷制に対するレジスタンスの方法論については，ジャン=ピエール・ル・グローネック（Jean-Pierre Le Glaunec）の「奴隷制への抵抗，ヒストリオグラフィー的概要，仮説そして研究方向（Résister à l'esclavage, aperçu historiographique, hypothèses et pistes de recherche）」『フランス領アメリカの歴史雑誌（*Revue d'histoire de l'Amérique française*）』n° 1-2, 2017, p. 13-33 に負っている．同論文では，奴隷制に対するレジスタンスについての歴史文書に関し充実した説明がなされている．

(4) カロリン・ウダン=バスティッド（C. Oudin-Bastide）の『恐怖と不安――アンティール諸島における奴隷，毒，魔術（*L'Effroi et la Terreur. Esclavage, poison et sorcellerie aux Antilles*）』，Paris, La Découverte, 2013 を見よ．

(5) その他の研究もあるが，サルガ・ムッサ（S. Moussa）（編）の『文学と奴隷（*Littérature et esclavage*）』，Paris, Desjonquères, 2010 を見よ．また，マリー=クリスティーヌ・ロクマン（M.-C. Rochmann）の『逃亡奴隷（*L'Esclave fugitif*）』，Paris, Karthala, 2000 を見よ．

(6) ジャン=ピエール・ル・グローネック，前出「奴隷制への抵抗，ヒストリオグラフィー的概要，仮説そして研究方向（Résister à l'esclavage, aperçu historiographique, hypothèses et pistes de recherche）」，p. 29 を引用．

(7) ポスト奴隷制社会においてアフリカ文化が長く存続した最も顕著な例はブラジルに見られる．パリのダッペール美術館で 2005 年に開催された展覧会カタログ，クリスチアンヌ・ファルガイルット=ルヴォー（C. Falgayrettes-Leveau）（編），「ブラジル，アフリカの遺産（*Brésil, l'héritage africain*）」，Paris, Éditions du musée Dapper, 2005

を見よ．

第二章

(1) 古代思想及びキリスト教教父たちの奴隷観念に関する洞察については，ピーター・ガーンジィ（P. Garnsey）の『アリストテレスから聖アウグスティヌスに至る奴隷制に関する考え方（*Conceptions de l'esclavage d'Aristote à saint Augustin*）』，アレクサンドル・アスナウィ（A. Hasnaoui）訳，Paris, Les Belles Lettres, 2004 を見よ．アリストテレスの有名な「生まれた時から奴隷になる運命の人間がいる」との格言は，「人間でありながら，自然によって自分自身のものではなく，他者のものである者，これが自然による奴隷にほかならない」という形で表明されていることを想起することができよう．聖アウグスティヌスが，戦争に敗北した罪のために奴隷となることを正当化するための，「隷属の最初の原因は罪であり，その罪により，ある人間はもう一人の人間に隷属させられる．これは神の判断にのみ起こりうることで，神は不正を行うことは全くできず，神は罪人に応じて異なる罰を与えることを知っている」との言明も，アリストテレスと同じことを述べている．中世初期と呼ばれる時期の奴隷制については，ユヴァル・ロットマン（Y. Rotman）の『古代地中海から中世地中海（6-11 世紀）における奴隷及び奴隷制（*Les Esclaves et l'esclavage de la Méditerranée antique à la Méditerranée médiévale (VIe-XIe siècles)*）』，Paris, Les Belles Lettres, 2004 を見よ．

第三章

(1) マカンダルの蜂起発生後時間が経過した後の反響がいかなるものであったのか，また，植民者及び奴隷の社会的想像がどのようなものであったのかを理解するためには，フランクラン・ミディ（F. Midy）「アメリカ地域奴隷植民地の独立へ：ハイチの例外（Vers l'indépendance des colonies à esclaves d'Amérique : l'exception haïtienne）」，マルセル・ドリニー（M. Dorigny）編『ハイチ，最初の黒人共和国（*Haïti, première république noire*）』，Paris, Société française d'histoire d'outremer (2003), rééd. 2007, p. 121-138 を見よ．

(2) 第五章第 XI 節を見よ．

第四章

(1)『1793年6月国民公会公布令集(*Collection générale des décrets rendus par la Convention nationale, mois de juin 1793*)』, p. 271.

第五章

(1) 本章第V節を見よ.
(2) 本章第V節を見よ.
(3) クリスティーヌ・シヴァヨン(C. Chivallon)『マルティニークにおける土地とアイデンティティー, 丘の農民と共同征服(1840-1960)(*Espace et identité à la Martinique. Paysannerie des mornes et reconquête collective (1840-1960)*)』, Paris, CNRS, 1998を見よ.

第六章

(1) 奴隷制廃止後の賠償金については, フレデリック・ボーヴォワ(F. Beauvois)『奴隷制を廃止するためにプランターに賠償金を支払うか? 経済, 道徳, 政治の観点から, 英国及びフランス議会における議論の比較研究(*Indemniser les planteurs pour abolir l'esclavage? Entre économie, éthique et politique, une étude des débats parlementaires britanniques et français (1788-1848) dans une perspective comparée*)』Paris, Dalloz, 2013を見よ.
(2) コンドルセ『黒人奴隷に関する考察、ビエンヌの牧師シュワルツ著(*Réflexions sur l'esclavage des Nègres, par M. Schwartz, pasteur du Saint-Évangile à Bienne*)』, 1781, rééd., 1788. また,『フランス革命と奴隷制廃止、文書及び資料(*La Révolution française et l'abolition de l'esclavage. Textes et documents*)』, Paris, EDHIS, 1968, 第6巻第7章:「黒人奴隷制を廃止しなければならない, そして奴隷の所有者はいかなる賠償金も要求してはならない(Qu'il faut détruire l'esclavage des Nègres, et que leurs maîtres ne peuvent exiger aucun dédommagement.)」に所収.
(3) 1848年の奴隷制廃止後のフランスの植民者に対する長期にわたる賠償手続きについては, セシル・エルナトゥ(C. Ernatus)『1848年から1860年にかけてのグアドループ, マルティニーク, 仏領ギアナにおける植民地賠償, 石の貨幣, 砂の貨幣, 血の貨幣(*L'indemnité coloniale en Guadeloupe, Martinique et Guyane entre 1848 et 1860. Monnaie de pierre, monnaie de sable, monnaie de sang*)』, 博士学位

論文（指導教官：フランシス・デミエ（F. Démier）），パリ第10（ナンテール）大学，2004を見よ．

第七章

（1） ジルベール・パゴ（G. Pago）の『マルティニークにおける女性と奴隷制の清算（1848-1852年）（*Les Femmes et la liquidation du système esclavagiste à la Martinique (1848-1852)*）』，Matoury（仏領ギアナ），Ibis Rouge, 1998を見よ．

（2） 前出クリスティーヌ・シヴァヨン（C. Chivallon）の『マルティニークにおける土地とアイデンティティー，丘の農民と共同征服（1840-1960）（*Espace et identité à la Martinique. Paysannerie des mornes et reconquête collective (1840-1960)*）』を見よ．

（3） セリーヌ・フロリ（C. Flory）『奴隷制から強いられた自由へ——19世紀のフランスカリブ海におけるアフリカ系契約労働者の歴史（*De l'esclavage à la liberté forcée. Histoire des travailleurs africains engagés dans la Caraïbe française au XIX*ᵉ *siècle*）』，Paris, Karthala, 2015を見よ．フランス・アンティール諸島における雇用契約全般に関してはピエール・サンガラヴェルー（Singaravélou）『カリブ海のインド人（*Les Indiens de la Caraïbe*）』, Paris, L'Harmattan, 2000（再版），3 vol. を見よ．レユニオンに関してはミシェル・ムトゥー（M. Moutou）『砂糖の契約労働者（1848-1898年）（*Les Engagés du sucre (1848-1898)*）』，Saint-André (La Réunion), Océan Éditions, 1999を見よ．

（4） ヴィクトル・シュルシェール（V. Schœlcher）『海外植民地とハイチ——英国の奴隷解放の結果（*Colonies étrangères et Haïti. Résultats de l'émancipation anglaise*）』Paris, 1843.

（5） フランス領植民地におけるこの点に関しては，シリアン・ラルシェール（S. Larcher）の『別の市民 奴隷制以降の共和国の理念とアンティール諸島（*L'Autre Citoyen. L'idéal républicain et les Antilles après l'esclavage*）』, Paris, Armand Colin, 2014を見よ．また，ジャン＝ピエール・サントン（J.-P. Sainton）の『奴隷身分から「市民身分」へ——第二共和制下（1848-1850）の仏領アンティール諸島における奴隷制から市民性への移行（*De l'état d'esclave à « l'état de citoyen ». Modalités du passage de l'esclavage à la citoyenneté dans les Antilles françaises sous la seconde République (1848-1850)*）』，*Outre-mers.*

Revue d'Histoire, 338-339号（2003年），p. 47-82も見よ．

(6) ケ・ブランリー・ジャック・シラク美術館が開催した展覧会（2016年4月-2017年1月）のカタログ『カラーライン――アフリカ系アメリカ人芸術家と差別（*The Color Line. Les artistes africains-américains et la ségrégation*）』，Paris, musée du Quai Branly-Jacques Chirac et Flammarion，2016年を見よ．

(7) エティエンヌ・クラヴィエール（É. Clavière）「黒人友の会による，国民議会，あらゆる貿易都市，あらゆる工場，植民地，すべての憲法の友の会に対する呼びかけ――本国と植民地の間の政治・商業関係を進化させるエチエンヌ・クラヴィエールが起案した呼びかけ（*Adresse de la Société des amis des Noirs, à l'Assemblée nationale, à toutes les villes de commerce, à toutes les manufactures, aux colonies, à toutes les Sociétés des amis de la Constitution ; adresse dans laquelle on approfondit les relations politiques et commerciales entre la métropole et les colonies, rédigée par Étienne Clavière*）」Paris, Desenne, et au Bureau du patriote français，1791年7月10日．

(8)『現況での新植民地から得られる利益に関するエッセー，共和暦5年熱月15日（1797年7月23日）国立研究院の公聴会で読み上げ（*Essai sur les avantages à retirer de colonies nouvelles dans les circonstances présentes, lu à la séance publique de l'Institut national le 15 thermidor an V (23 juillet 1797)*）』，Paris, Baudouin, Imprimeur de l'Institut national, 1797.（p.132訳注参照）

(9) 2016年6月ソルボンヌ大学にて開催されたヨーロッパ植民地研究会の研究会議事録をみよ．同議事録は，マルセル・ドリニー（M. Dorigny）とベルナール・ガイノ（B. Gainot）（編），『帝国及び新植民地の方向転換（1804-1860年）（*Réorientations des empires et nouvelle colonisation (1804-1860)*）』，Paris, Éditions SPM，2018に所収されている．

参考文献

全般

Cottias M., Cunin É., Almeida Mendes A. de, (dir.), *Les Traites et les Esclavages. Perspectives historiques et contemporaines*, Paris, Karthala, 2010.

Dorigny M., Gainot B., *Atlas des esclavages, de l'Antiquité à nos jours*, Paris, Autrement, 2017 (4e éd.).

Grenouilleau O., *Qu'est-ce que l'esclavage ?*, Paris, Gallimard, 2014.

—, *La Révolution abolitionniste*, Paris, Gallimard, 2017.

Moussa S., *Littérature et esclavage (XVIIIe-XIXe siècles)*, Paris, Desjonquères, 2010.

黒人奴隷貿易に関して

Grenouilleau O., *Les Traites négrières. Essai d'histoire globale*, Paris, Gallimard, 2005.〔関連書籍：マルセル・ドリニーによるオリヴィエ・ペトレ=グルヌイヨ「奴隷貿易――グローバル史の試み」の書評，三浦信孝訳『論座』第155号，朝日新聞社，2008.4, p. 58-63所収〕

Thomas H., *La Traite des Noirs (1440-1870)*, trad. G. Villeneuve, Robert Laffont, « Bouquins », 2006.

啓蒙の世紀及び奴隷制廃止主義

Bénot Y., Dorigny M. (dir.), *Grégoire et la cause des Noirs. Combats et projets (1789-1831)*, Paris, Société française d'histoire d'outre-mer et Association pour l'étude de la colonisation européenne, 2000.

Dorigny M., Gainot B., *La Société des amis des Noirs (1788-1799). Contributions à l'histoire de l'abolition de l'esclavage*, Paris, UNESCO, 1998.

Ehrard J., *Lumières et esclavage. L'esclavage colonial et la formation de l'opinion publique en France au XVIIIe siècle*, Bruxelles, André Versaille, 2008.

Pérotin C., *Les Écrivains antiesclavagistes aux États-Unis de 1808 à 1861*, Paris, Puf, 1979.

Rochmann M.-C. (dir.), *Esclavage et abolitions. Mémoires et systèmes de représentation*, Paris, Karthala, 2000.

フランス革命及び奴隷制の廃止

Bénot Y., *La Révolution française et la fin des colonies*, Paris, La Découverte, 1987 ; rééd. 2002.

—, *La Démence coloniale sous Napoléon*, Paris, La Découverte, 1992 ; rééd. 2005.

Bénot Y., Dorigny M. (dir.), *Le Rétablissement de l'esclavage dans les colonies françaises. Aux origines de Haïti*, Pairs, Maisonneuve & Larose, 2003.

Dorigny M. (dir.), *Les Abolitions de l'esclavage. De L.-F. Sonthonax à V. Schœlcher (1793-1704-1848)*, Paris, UNESCO, 1999 ; rééd. 2005.

Dorigny M. (éd.), *Léger-Félicité Sonthonax, la première abolition de l'esclavage, la Révolution française et la révolution de Saint-Domingue*, Paris, Société française d'histoire d'outre-mer et Association pour l'étude de la colonisation européenne, 2005 (2e éd. augmentée).

Fick C., *Haïti. Naissance d'une nation. La révolution de Saint-Domingue vue d'en bas*, trad. F. Voltaire, préface par M. Dorigny, Bécherel, Les Perséides, 2014.

Gainot B., *La Révolution des esclaves (Haïti, 1763-1803)*, Paris, Vendémiaire, 2017.

十九世紀の奴隷制廃止

Grenouilleau O. (dir.), *Abolir l'esclavage. Un réformisme à l'épreuve (France, Portugal, Suisse, XVIIIe-XIXe siècles)*, Rennes, Presses universitaires de Rennes, 2008.

Jennings L.C., *La France et l'abolition de l'esclavage (1802-1848)*, Bruxelles, André Versaille, 2010.

Motylewski P., *La Société française pour l'abolition de l'esclavage (1834-1850)*, Paris, L'Harmattan, 1998.

Pago G., *Les Femmes et la liquidation du système esclavagiste en Martinique (1848-1852)*, Matoury (Guyane française), Ibis Rouge, 1998.

Schmidt N., *L'Abolition de l'esclavage. Cinq siècles de combats (XVIe-*

XIXe siècle), Paris, Fayard, 2005.

—, *Abolitionnistes de l'esclavage et réformateurs coloniaux (1820-1851). Analyse et documents*, Paris, Karthala, 2000.

—, *Victor Schœlcher*, Paris, Fayard, 1994.

抵抗及び逃亡奴隷

Carotenuto A., *Les Résistances serviles dans la société coloniale de l'île Bourbon (1750-1848)*, thèse de 3e cycle, université Aix-Marseille-I, 2006 ; à paraître en 2018 aux Éditions des Indes savantes.

Danon R., *Les Voix du marronnage dans la littérature française du XVIIIe siècle*, Paris, Classiques Garnier, 2015.

Debbasch Y., « Le marronnage : essai sur la désertion de l'esclave antillais », *L'Année sociologique*, 3e série, 1962, p. 1-112, et 1963, p. 117-195.

Dorigny M. (dir.), *Esclavages, résistances et abolitions*, Paris, CTHS, 1999.

Fouchard J., *Les Marrons de la liberté. Histoire et littérature haïtienne*, Paris, Éditions de l'École, 1972.

Le Glaunec J.-P., Rochibaud L. (dir.), « Le marronnage dans le monde atlantique. Sources et trajectoires de vie (1760-1848) », plate-forme numérique en ligne depuis 2009 (www.marronnage.info) réunissant un corpus d'avis sur le marronnage à Saint-Domingue, la Martinique et la Guadeloupe.

Moomou J. (dir.), *Sociétés marronnes des Amériques. Mémoires, patrimoines, identités et histoire du XVIIe au XXe siècle)*, Matoury (Guyane française), Ibis Rouge, 2015.

Rochmann M.-C., *L'Esclave fugitif dans la littérature antillaise*, Paris, Karthala, 2012.

Yacou A., *Essor des plantations et subversion antiesclavagiste à Cuba (1791-1845)*, Paris, Karthala, 2010.

—, *La Longue Guerre des Nègres marrons de Cuba (1796-1852)*, Paris, Karthala, 2009.

奴隷制廃止後

Chivallon C., *L'Esclavage, du souvenir à la mémoire. Contribution à*

une anthropologie de la Caraïbe, Paris, Karthala, 2012.

Fallope J., *Esclaves et citoyens. Les Noirs à la Guadeloupe au XIX*ᵉ *siècle dans les processus de résistance et d'intégration*, Basse-Terre, Société d'histoire de la Guadeloupe, 1992.

Larcher S., *L'Autre Citoyen. L'idéal républicain et les Antilles après l'esclavage*, Paris, Armand Colin, 2014.

Zonzon J., collab. Ebion S., Choucoutou Ho-Fong-Choy L., *Les Résistances à l'esclavage. Perspectives historiques et contemporaines*, Paris, Karthala, 2010 ; voir en particulier la section 3 : « Relations de domination et formes de résistance ».

—, *Les Résistances à l'esclavage en Guyane (XVII*ᵉ*-XIX*ᵉ *siècle)*, Matoury (Guyane française), Ibis Rouge, 2014.

文庫クセジュ　Q 1064

奴隷制廃止の世紀1793-1888

2024年3月15日　印刷
2024年4月10日　発行

著　者　マルセル・ドリニー
訳　者 ©　山田芙美
　　　　　山木周重
発行者　岩堀雅己
印刷・製本　株式会社平河工業社
発行所　株式会社白水社
東京都千代田区神田小川町 3 の 24
電話 営業部 03(3291)7811 / 編集部 03(3291)7821
振替 00190-5-33228
郵便番号 101-0052
www.hakusuisha.co.jp

乱丁・落丁本は、送料小社負担にてお取り替えいたします。

ISBN978-4-560-51064-3

Printed in Japan

文庫クセジュ

歴史・地理・民族（俗）学

842 コモロ諸島
856 インディヘニスモ
857 アルジェリア近現代史
858 ガンジーの実像
859 アレクサンドロス大王
865 ヴァイマル共和国
872 アウグストゥスの世紀
876 悪魔の文化史
879 ジョージ王朝時代のイギリス
882 聖王ルイの世紀
883 皇帝ユスティニアヌス
889 バビロン
890 チェチェン
896 カタルーニャの歴史と文化
898 フランス領ポリネシア
902 ローマの起源
903 石油の歴史
904 カザフスタン
906 フランスの温泉リゾート
913 フランス中世史年表
915 クレオパトラ
922 朝鮮史
925 フランス・レジスタンス史
928 ヘレニズム文明
935 カルタゴの歴史
938 チベット
942 アクシオン・フランセーズ
943 大聖堂
945 ハドリアヌス帝
948 ディオクレティアヌスと四帝統治
951 ナポレオン三世
959 ガリレオ
962 100の地点でわかる地政学
964 100語でわかる中国
967 コンスタンティヌス
974 ローマ帝国
979 イタリアの統一
981 古代末期
982 ショアーの歴史
986 ローマ共和政
988 100語でわかる西欧中世
993 ペリクレスの世紀
995 第五共和制
1001 第一次世界大戦
1004 クレタ島
1005 古代ローマの女性たち
1007 文明の交差路としての地中海世界
1010 近東の地政学
1014 『百科全書』
1028 ヨーロッパとゲルマン部族国家
1032 コラボ＝対独協力者の粛清
1035 新聞・雑誌の歴史
1037 ローマ帝国の衰退
1041 ジュネーヴ史
1047 ベルベル人
1050 ショアの100語
1053 北欧神話100の伝説
1054 ペスト
1060 フランスの宗教戦争